100 ideas
for Primary Teachers: Questioning

课堂提问的
技术与艺术

[英] 彼得·沃利 著

中国青年出版社
CHINA YOUTH PRESS

图书在版编目（CIP）数据

课堂提问的技术与艺术/（英）彼得·沃利著；彭相珍译.
—北京：中国青年出版社，2020.2
书名原文：100 ideas for primary teachers: Questioning
ISBN 978-7-5153-5892-5

Ⅰ.①课… Ⅱ.①彼… ②彭… Ⅲ.①课堂提问—教学法 Ⅳ.①G424.21
中国版本图书馆CIP数据核字（2019）第243031号

100 Ideas for Primary Teachers: Questioning
First published in Great Britain, 2019
Text copyright © Peter Worley, 2019
This translation is published by arrangement with Bloomsbury Publishing Plc
Simplified Chinese translation copyright © 2020 by China Youth Press
All Rights Reserved.

课堂提问的技术与艺术

作　　者：［英］彼得·沃利
译　　者：彭相珍
责任编辑：胡莉萍　陈　楠
策划编辑：麦丽斯
美术编辑：佟雪莹
出　　版：中国青年出版社
发　　行：北京中青文文化传媒有限公司
电　　话：010-65511270/65516873
公司网址：www.cyb.com.cn
购书网址：zqwts.tmall.com
印　　刷：大厂回族自治县益利印刷有限公司
版　　次：2020年2月第1版
印　　次：2021年12月第2次印刷
开　　本：787×1092　1/16
字　　数：175千字
印　　张：16
京权图字：01-2019-3526
书　　号：ISBN 978-7-5153-5892-5
定　　价：49.00元

版权声明

未经出版人事先书面许可，对本出版物的任何部分不得以任何方式或途径复制或传播，包括但不限于复印、录制、录音，或通过任何数据库、在线信息、数字化产品或可检索的系统。

中青版图书，版权所有，盗版必究

CONTENTS

致　谢	009
简　介	011
本书为什么能提高课堂效率	015

第一部分：好问题的类型和结构　017

1. 提问策略1：什么是好问题　019
2. 提问策略2：任务式提问——界定问题的意图和范围　021
3. 提问策略3：探索性提问——提高学生的判断力　023
4. 提问策略4：嵌套式提问——提高学生发现隐含问题的能力　025
5. 提问策略5：临时起意式提问——培养学生的好奇心和积极性　027
6. 提问策略6：赫耳墨斯型问题——提高学生的理解和阐释能力　029
7. 提问策略7：启动问题、终结问题和论证问题——好课程必要的三种问题　031
8. 提问策略8：经验性问题——来自直接经验的问题　033
9. 提问策略9：二选一型和多选型问题——提高学生的发散思维　035
10. 提问策略10：概念化提问——加深学生对问题的理解　037
11. 提问策略11：知识类提问——提高学生的反思能力　039
12. 提问策略12：道德型问题——提升学生思考和看问题的视角　041

目录

13	提问策略13：质疑型问题——提高学生的探究能力	043
14	提问策略14：引导式问题——发现答案的多种可能性	045
15	提问策略15：隐含的开放问题，明确的封闭问题——培养学生的探索性思维	047
16	提问策略16：关键理念——使用开放式和封闭式问题，提高教师的自我提问能力	049
17	提问策略17：关键理念——结合开放式和封闭式问题，帮助学生论证性思考	051

第二部分：如何打造提问型课堂　　　　053

18	提问策略18：关键理念——提问心态，关乎问题及答案丰富性的重要因素	055
19	提问策略19：关键理念——培养师生之间的信任和责任感	059
20	提问策略20：表达认同——教师要给予积极的肯定和反馈	061
21	提问策略21：聆听——课堂提问的关键性能力	063
22	提问策略22：难题——如何自如地应对学生的困惑	065
23	提问策略23：智力的美德——激发学生对学习环境的敏感性	067
24	提问策略24：判断力——培养学生的批判性思维	069
25	提问策略25：问还是不问——学会巧妙提问	071
26	提问策略26：问题化——培养学生求问的习惯	073
27	提问策略27：苏格拉底反诘法——促进学生积极思考的好方法	075
28	提问策略28：元认知型教师——学会自我观察	077
29	提问策略29：辩证性目标VS包容性目标——提升教师的决策力	079

30	提问策略30：怀疑主义VS犬儒主义——学会质疑	081
31	提问策略31：提问型社区——师生民主探究的重要平台	083
32	提问策略32：透明度和所有权——学生和教师拥有的权利	085
33	提问策略33：失传的学习工具——语法、逻辑、修辞	087
34	提问策略34：关键理念——显性存在和隐性存在	089
35	提问策略35：教师要认真对待学生的错误回答	091
36	提问策略36：如何回应学生——做事项清单	093

第三部分：提出好问题的战略方法 097

37	提问策略37：关键理念——锚定主题，确定关键点	099
38	提问策略38：通过锚定主题获得即时而直接的答案	101
39	提问策略39：双重锚定和细分锚定——帮助学生提出论据	103
40	提问策略40：建立联系——自我锚定，防止偏离主题	105
41	提问策略41：关键理念——启发式提问	107
42	提问策略42：如何就"我不知道"提出启发式问题	110
43	提问策略43：关键理念——"如果……"引导的问题	112
44	提问策略44：关键理念——非此即彼的提问策略	114
45	提问策略45：关于价值的提问——"你认同吗？"	116
46	提问策略46：关键理念——以提问促论证	118
47	提问策略47：批判性思维的提问	122
48	提问策略48：描述性教学——肯定学生已取得的成绩	125
49	提问策略49：成长型思维模式——相信学生一定可以	127
50	提问策略50：苏格拉底式提问策略——引导学生自主找到答案	129

目录

- 提问策略51：通用型表述——拒绝模糊不清的表述　　131
- 提问策略52：善用情态动词　　133
- 提问策略53：区分答案和理由　　135
- 提问策略54：布鲁姆目标分类法　　137
- 提问策略55：思维内容和课程内容　　140
- 提问策略56：通过提问征求不同见解　　142
- 提问策略57：关键理念——以4R为目标的提问　　144
- 提问策略58：魔鬼代言人——假如式提问策略　　147
- 提问策略59：构建理解之网　　149
- 提问策略60：设置多样性任务　　151
- 提问策略61：受欢迎和不受欢迎的预设前提　　153
- 提问策略62：一对一交流和小组讨论　　155
- 提问策略63：虚虚实实/实实虚虚——将抽象具体化　　157
- 提问策略64：视觉思维策略——提升团队的欣赏和艺术分析能力　　159
- 提问策略65：虚拟的异见者——促进富有成效的讨论　　161
- 提问策略66：内心的对话——促进学生高效思考　　163
- 提问策略67：学会区分抽象概念　　165
- 提问策略68：问题的回答和回应　　167
- 提问策略69：什么是糟糕的问题　　170
- 提问策略70：为了解释而提问　　173
- 提问策略71：列举反例——建立批判性思维　　175

第四部分：怎样表达问题更有效　　　　　　　　177

- 72　提问策略72：关键理念——让提问生效　　　　179
- 73　提问策略73：引导式提问和非引导式提问　　　181
- 74　提问策略74：循序渐进地提问　　　　　　　　183
- 75　提问策略75：如何使用"为什么"　　　　　　185
- 76　提问策略76：知道自己为什么提出一个问题　　187
- 77　提问策略77：含混不清或根本不存在的问题　　189
- 78　提问策略78：精准而透彻地提问　　　　　　　191
- 79　提问策略79：问题修剪器——剔除不必要的表述　193
- 80　提问策略80："不要着急说"但是……"　　　　195
- 81　提问策略81：注意隐性的标点符号　　　　　　197

第五部分：正确选择发言人　　　　　　　　　　199

- 82　提问策略82：提问的雷达——长矛式还是广撒网　　201
- 83　提问策略83：回应探测——找到持有不同见解的学生　　203
- 84　提问策略84：巧妙应对无人应答　　　　　　　205
- 85　提问策略85：如果……请举手；如果……请把手放下　　207
- 86　提问策略86：积极引导安静内敛的学生　　　　209
- 87　提问策略87：可视化的民意调查——让每个学生表达自己　　211
- 88　提问策略88：举手示意——发言人的选择　　213
- 89　提问策略89：充分利用手势语言　　　　　　　216

目录

第六部分：培养学生审辩式思维的提问能力   219

- 90   提问策略90：与孩子一起进行哲学探究   221
- 91   提问策略91：围绕问题进行探究   225
- 92   提问策略92：苏格拉底式对话圈子   228
- 93   提问策略93：20个问题的竞猜游戏   231
- 94   提问策略94：来自学生的问题   234
- 95   提问策略95：10个问题的数字竞猜游戏   237
- 96   提问策略96：问题接龙——在游戏中学会提问   239
- 97   提问策略97：问题象限——教学生提出高质量问题   241
- 98   提问策略98：只准提问不准回答   244
- 99   提问策略99：问题墙与问题盒子——收集学习策略   246
- 100   提问策略100：元认知问题——学会学习   248

ACKNOWLEDGEMENTS

| 致　谢 |

我想要感谢布鲁姆斯伯里教育出版社的汉娜·马斯顿（Hannah Marston）及布鲁姆斯伯里团队的其他成员为本书的编辑付出的诸多努力。与往常一样，我需要特别感谢美国哲学基金会团队（The Philosophy Foundation），感谢你们一直帮助我整理本书所提的各类想法。我曾试图将这些想法归功于某个特别的人，但整个团队的贡献和帮助都尤为突出，因此值得感谢的人太多了。我需要感谢团队的诸位成员，他们是：艾玛·沃尔雷（Emma Worley）、史蒂夫·霍金斯（Steve Hoggins）、安迪·戴尔（Andy Day）、史蒂芬·坎贝尔-哈里斯（Steven Campbell-Harris）、乔伊·泰勒（Joe Tyler）和安迪·韦斯特（Joe Tyler）。

除了美国哲学基金会之外，还需要感谢www.thephilosophyman.com的杰森·巴克利（Jason Buckley）和汤姆·比格斯顿（Tom Bigglestone）为本书提供了关于概念的想法和建议，感谢DialogueWorks的罗杰·萨克利夫（Roger Sutcliffe）为我审查本书的哲学理念部分内容，感谢皮尔特·莫斯特瑞（Pieter Mostert）为我提供关于提问这一主题的诸多富有启发性的对话和想法包括论述部分的一些理念（我在本书中标注了皮尔特在对话中为我提供的灵感和思路）。同时还要感谢他引导我阅读多萝西·塞耶丝（Dorothy

致 谢

Sayers）关于"三艺"[Trivium:（中古学术）三学科,指语法、修辞、逻辑]的文章。感谢艾培克国际（Epic International）的凯瑟琳·麦考尔（Catherine McCall）提供的诸多相关的对话和本书的创作灵感。此外,我还需要感谢《院校哲学杂志》（The journal of philosophy in Schools）的劳拉·D.奥林皮奥（Laura D'Olimpio）、安德鲁·彼得森（Andrew Peterson）和迈克尔·汉德（Michael Hand）接受和编辑的一系列深入探索并深入推进本书的部分关键理念,尤其是关于"开放性提问思维"（OQM）、开放性和封闭性问题和元认知相关概念的讨论。同时需要感谢ICPIC的费力克斯·加西亚·莫利永（Felix Gaecia Moriyon）所编辑的一篇文章,它帮助我拓展了批判性思维教学的研究。

最后,我还要感谢我最亲爱的女儿凯蒂,因为她总是说:"爸爸,不要再问我问题啦,老老实实地讲故事就好了！"这能够确保我脚踏实地完成本书的编写。

本书献给我最亲爱的朋友,提问专家皮尔特·莫斯特瑞。

INTRODUCTION

| 简 介 |

> 提出问题,是我们理解自己身处世界的最核心技能,因此提问也需要成为我们的习惯。
>
> 艾里克·普斯(Eric Booth)
>
> 《艺术的日常工作》(*The Everyday Work of Art*)

身为教师,我们总是在不停地提问,可能一天要提问上百次,每周提问数百次,每个月提问上千次。提问成了教师的一项必备基础技能,就像庖丁解牛的那把利刃那样,教师的提问也同样应该是锋利、高效且明智的。无论我们对于提问类型有多么深刻的了解,这并不意味着我们就能够进行高效的提问。

本书的"关键理念"部分内容将引导诸位关注贯穿本书的一些普遍的原则。旨在将100个提问的方法融合到一个有机的整体中,并创建一个以问题为中心的教学法,而不是仅仅提供一个提问工具的随机列表。所谓的"以问题为中心的教学法",我的意思是我们需要提倡——就像苏格拉底在《柏拉图的曼诺》(*Plato's Meno*)中(详见提问策略50)所做的那样——我们提问的目标并不仅仅是找出事实的真相或测试孩子们的认知,而是需要同

简 介

时激励孩子们作为智力探索的主体，去探索这个世界。我们希望孩子们能够将这个世界当成一个充满可能性的世界，而不是一个他们不得不屈从的固化体制。通过实施本书提出的一些关键理念，如：开放性提问的思维（提问策略18），打造善于探究的群体（提问策略31），"假如"型问题（提问策略43），定点式提问（提问策略37）和开场白提问（提问策略41）等。提问不仅有助于开启教师和学生之间的对话，还能够形成整个班级（包括老师和学生）与世界的对话。

我具备作为学校中富有哲理的对话的促进者和训练师的经验，尽管我在本书中提供的案例有时候会体现这段经验的影响，但本书中提供的大多数（几乎所有）原则和策略都具备调整性并可适用于各类课程。在阅读本书的过程中，你可能会发现我提倡封闭式问题的使用——即更新封闭式问题以确保其通用性——且我在本书中提出的封闭式提问策略（特别是"假设性提问"、定点式提问和开场白提问等）在数学课等逻辑较强的课程提问中运用效果突出；此外，开放式提问在哲学及个人、社会和健康教育（Personal, Social and Health Education）等讨论中也得到充分运用。有趣的是，尽管我在本书中提供的大多数提问策略的成型得益于我作为对话的促进者和训练师的经验，但促使我总结这些提问策略的却是我作为音乐教师的经历。

开放性提问思维（OQM）

首先，需要提醒诸位的是，本书的最基本原则就是要确保诸位能够在提问时具备正确的思维模式。例如，当你秉持封闭式提问心态的时候（即当你希望学生的答案与你心中的某个特定答案一致或在未明确告知学生的情况下，明显地引导全班学生朝着某个特定的答案或结果思考时），提出开放式问题的效果可能会很差。相反，如果你能够在秉持开放式提问心态的情况下（即做好了准备迎接学生提出的问题、不同的选择或意料之外的答案），提出引导性问题，那么你将取得丰硕的成果。当然，这并不是要求诸位时时刻刻都做一个"无限开明"的教师，因为身为教师，我们需要教授固定的考试内容，需要达成既定的教学目的和目标，而这一切可能不会因我们个人的意志而转移。我希望诸位通过阅读本书，能够开始思考我们在朝着一个"固定的安排"（即在特定的时间周期内实现特定的目的和目标）努力的同时，如何保持开放性的提问思维，而这，是一个可能达成的目标。

问题和"提问"

关于提问，我在本书中提出了两种重要但不同的思路。两者均以 J. T. Dillon（1994）所提概念为基础，即"'提出问题'和'对某事进行质疑'"。第一种思路是直截了当的：即当我们考虑提问时，我们需要考虑提出什么问题以及如何提出这些问题。但第二种思路则相对复杂，因为它更注重"提问型课堂"的培养，即如何培养学生的提问思维，而不是过多地强调提问的方式方法（尽管方式方法也同样重要）。因此，本书将更关注第二种思路，因为我们更重视研究如何在教学中更普遍地使用问题和进行提问。提问是进行课堂民主讨论的一个重要技巧，因此作为教师，我们不仅应该对提升自己的提问技能感兴趣，还要重视对学生提问能力的培养。

本书以培养教师和学生的整体提问能力和提问思维为宗旨，希望为诸位教师提供尽可能多的实用技巧。本书存在大量相互参照和交叉引用的内容，因此诸位在阅读本书的过程中，可以选择从头到尾的全文阅读，也可以选择跳过那些你认为自己已经掌握的内容并直接阅读你感兴趣的部分。

简 介

尽管我在本书中分享了自己的诸多观点和经验，但我也希望诸位能够踊跃质疑与提问，这才符合本书的初衷。因此，即便你无法认同本书的某些内容或观点，我也希望它们能够为你提供一些灵感或启发，让你成为更好的反思型提问者。

温馨提示：本书试图尽可能言简意赅地阐述每个观点，因此你可能仅凭本书提供的内容无法完全理解或掌握某些概念。如有必要，我已经在本书中提供了附加资源的相关信息，以帮助诸位强化理解。

HOW TO USE THIS BOOK

本书为什么能提高课堂效率

本书提供了诸多实用的提问策略和技巧,让诸位能够轻松而快速地掌握并运用,帮助各位在课堂上实现高效的提问。

每个提问策略的论述将包含下列内容:

- 精练醒目的标题,方便诸位检索和分享;
- 与所涉理念相关的有趣引言;
- 所涉理念的简要总结,方便诸位快速查阅并确定自己选用哪个提问策略;
- 实施提问策略的具体步骤操作指南。

"关键理念"部分内容将让你了解本书最核心的一些理念,并掌握各个理念在以问题为核心的教学法中的应用。

每个提问策略的阐述将包括下列一个或多个板块:

教学小贴士	进一步拓展	超值附加策略
此板块将提供实用的技巧和建议,帮助各位教师掌握如何开展某项活动或实践某个提问策略的方法,以及在此过程中应该避免的注意事项等。	此板块将为诸位教师提供进一步拓展或完善所涉提问策略的方法和建议。	本书总共提供15个超值附加策略,这些策略都超级有趣、原创且非常令人兴奋。

QUESTION TYPES AND STRUCTURES

第一部分

好问题的类型和结构

IDEA 1

提问策略1：什么是好问题

"通过提问……我……其实开拓了无限的可能……"［马修·鲍克（Matthew Bowker）］

"问题是什么"事实上是一个很棒的问题，而一个"好问题"，可能并不像我们想象中那么直截了当。

· 教学小贴士 ·

教师最好能够牢记提出请求、提出问题和对某事进行质疑这三者之间的差别。

· 进一步拓展 ·

阅读摩根和萨克斯顿在2006年撰写的《如何更有效地提问》(Asking Better Questions)。在本书的第五章，两位作者对问题和提问进行了详细地阐述，并提出不同问题的分类，这将为教师们提供极大的帮助。

摩根（Morgan）和萨克斯顿（Saxton）在2006年的著作中将问题分成了三大类型：

1. 引导信息的问题，如"法国的首都是哪个城市"？

2. 形成理解的问题，如"什么样的城市能够成为首都"？

3. 引导思考或反思的问题，如"首都城市是否有存在的必要"？

但是，问题有何作用或功能？问题通常会向特定的对象询问特定的事情，并且在语法层面通过一个句尾的问号来突出其作为问题的本质——在口头表达中，同样的效果可能需要通过句末上扬的音调来提示对方应该提供一个答案或回复，我们可能已经听过学龄前的儿童通过模仿提问的语气和音调来向自己的父母提出问题。

"生存，或死亡，那是一个问题。"这是一个没有问号的问题。那么，我们如何判断它到底是不是一个问题呢？这个陈述/问题让我们思考、沉思并顺着这种思考去考虑其可能暗示或引导的内容。虽然哈姆雷特并没有提出一个明确的问题，但他成功地让自己（和他的观众）去思考或质疑某样事物（详见提问策略72）。正如提问专家皮耶特·莫司尔特指出的那样，很多问题本质上是一种请求或要求，不过是以一种委婉而礼貌的方式通过问题表述出来而已。我可以说："把那个东西给我！"这种表述包含了一种不容置疑的命令语气，但如果我通过提问的方式表达同一个要求，那么听起来可能要有礼貌得多。

IDEA 2

提问策略2：任务式提问
——界定问题的意图和范围

"刚才你问的问题是什么？"（无数健忘的年轻人啊……）

一个任务式的问题意味着教师需要向学生提出一个明确的问题，要求他们尝试回答或完成某项特定的任务，例如："棋盘上有多少方格？"

·教学小贴士·

将任务式问题写到黑板上是一个有效的教学小贴士，因为教师可以通过明确地展示和表述问题，并让学生很容易看到和记住。

·进一步拓展·

可以参照提问策略100（元认知问题）来帮助孩子们判断自己是否回答了任务式提问，或如何改进和完善自己的答案。

任务式提问应该简单而清晰，即便它们的答案不一定是直截了当的。如果任务式问题中存在任何模糊不清的意图，那教师必须确保自己是不是刻意为之。例如，在上面的任务式问题中，教师并没有说明方格的计算方式应该是1×1还是2×2还是3×3，如果教师希望学生按照1×1的标准来计算棋盘上的方格数量，那么就应该在问题中明确地说明。

然而，有的时候教师可能想要刻意地保持这种不清晰不明确的状态。在这种情况下，教师可以利用"假设性"提问策略（详见提问策略43）来引导学生探索这种含混不清的表达所带来的不同可能性。例如，如果有学生提问："老师你希望我们按照1×1的格式来数呢？还是其他的格式来数？"你可以利用"二选一式提问"或"假设式提问"（详见提问策略44）来回答学生的问题，如："如果我指的是1×1格式，那么象棋盘上有多少方格？"然后补充提问："如果我指的是任何其他的格式，那么象棋盘上有多少方格？"

如果我们将任务式提问转化为探索性问题（详见提问策略3），能够帮助提问者明确立场和所涉的议题。一个临时起意式提问（提问策略5）和一个嵌套式提问（提问策略4）在下面情况下也可能会转变为一个任务式提问：（1）得到明确表述；（2）足够核心或对核心任务具备充分的重要性。

IDEA 3

提问策略3：探索性提问
——提高学生的判断力

"你不需要说出'我想/我认为'这几个字，因为当你说出这几个字的时候，你很明显已经想了或认为了。"（教师对学生说）

探索性问题是一种封闭式提问形式，它在语法层面肯定是封闭式的（因为没有问号），但在概念层面却不一定封闭（提问策略16）。因为其封闭的特性，探索性问题为学生们提供了做出判断的机会（提问策略24）或"选择立场"。学生们的回答通常以"我想/我认为……"作为开头。

· 教学小贴士 ·

请记住，在使用研究性提问的时候，先提出定位问题（提问策略37），然后给出开场提问（提问策略41），或在学生给出一些回答之后，提出假设性问题（提问策略43），然后再提出定位问题和开场白问题，同时可以参考"X问题"（提问策略17）的相关内容。

· 进一步拓展 ·

教师也可以将研究性提问变成"假设型问题"，并将问题陈述的信息变成假设形式，要求学生们通过讨论来辨别其到底是真实还是虚假［可参考沃尔雷《培养孩子思考能力的40节课》（*40 Lessons to Get Children Thinking*）中《假设型问题列表》部分的内容，2015a］。

第一部分：好问题的类型和结构

> **· 超值附加策略 ·**
>
> 杰森·巴克利在他的口袋书著作《思考者的游戏》(Thinkers' Games)（2012）中提供了一些很棒的理念，可以用于引导孩子们在讨论中"选择立场"。

探索性问题可以包括类似"希腊人是否应该与特洛伊人开战"或"我们想要得出的数字是奇数还是偶数"等问题。当然，学生也可以选择放弃直截了当的回答，进而避免选择立场，例如："我不知道"或"我选择中立"或"可能二者都行"等回答（参考提问策略67，以掌握进一步通过追问细化这些模棱两可的答案的方法）。但是，这些探索性问题的确可以引导学生们来选择一个立场，因此如果教师们的教学意图就是要求学生选择立场，那么这些探索性问题将十分有用。

探究性问题，因其封闭式的本质，能够确保被问及的人在思考答案时专注于既定内容，进而确保学生们不会"开小差"，此外还能够让学生们在开展讨论的同时（详见提问策略46）援引事实或数据。同时，教师也可以通过这些问题，引导学生给出一两个词或非常简短的回答。尽管这些问题能够帮助教师激发学生条件反射的回答（详见提问策略53），它们也可能会导致课堂讨论无疾而终。但是，只要教师时刻牢记在适当的时机重新提出开场白问题（详见提问策略41），这个困难就很容易得到解决。

探索性提问同时也能够变成绝佳的任务式问题（详见提问策略2）。

IDEA 4

提问策略4：嵌套式提问
——提高学生发现隐含问题的能力

"提问的一个最大问题就是，一个问题可能会触发或衍生出无数其他的问题。"（一个八岁小女孩的抱怨）

所谓嵌套式问题，指的是那些嵌套在明确的问题之中的隐藏性问题。

· 教学小贴士 ·

当你在为课堂教学准备任务型问题时，还需要将与之相关的所有嵌套式问题按照既定顺序或流程列出（详见提问策略74）。因为很多时候，我们的教学方案将会按照所列问题的顺序展开。

· 进一步拓展 ·

鼓励学生去分析原始问题，并尝试找出尽可能多的与该问题相关的其他问题，看看学生们能够找出多少个类似的嵌套问题。

如果教师提出的问题是："海星是不是鱼类？"那么其中可能隐含"鱼类的定义是什么"以及"海星是什么"或"有没有什么东西的名称中带着'鱼'这个词但实际上却不是鱼类"或"我们如何划分海洋生物的种类"等嵌套问题。

嵌套式问题可以从原问题中引申而来（如前文所举的例子），也可以是关于问题自身的"元问题",即关于该问题本质的相关问题,例如:"这个问题符合逻辑吗?""这个问题是可以回答的吗?""这是正确的问题吗?"(详见提问策略100)

隐藏在问题中的问题/问中问

当学生看到半杯水时,他们给出了"你能喝这杯水吗"这样一个哲学的问题。以这个问题为例,问题本身看起来更像是一个普通问句,不具备任何哲学性。但通过提出这个问题隐藏的一些嵌套问题,我们可能找出其中隐含的哲学点。其中一个哲学点就是"能"这个词,因为这个词可能包含了几种不同的含义,第一种是"我们有没有能力去喝这杯水"?另外一种解读则是"我们是否获得了喝这杯水的许可"?还有一种解读是"我们有没有权利去喝这杯水"?而这些嵌套问题可能进一步引申出其他的问题,例如"水是否属于某个特定的人"等。

IDEA 5

提问策略5：临时起意式提问
——培养学生的好奇心和积极性

"有的时候，最好的问题是那些没有事先准备的问题。"

临时起意式提问指的是孩子们在讨论过程中临时提出的问题，无论是自然而然地提出还是以有组织的方式提出。

· 教学小贴士 ·

教学进行过程中如果存在太多可能触发疑惑或问题的信息，可能反而会妨碍既定教学目标的实现。如果学生提出太多问题，那么可以针对学生临时起意提出的问题简单回答"是"，然后简明扼要地阐述即可。例如，我们首先肯定全班同学的发现并认可他们依然对有些内容无法理解或不够清楚的情况，通过简单的表达认同，教师可以传递对学生的肯定。然后对学生说，"这部分内容，我们将暂时搁置并留到后面的课程来解决"（在本节内容中，这个"未解的内容"是河流）。

· 进一步拓展 ·

请班上的学生们自己找出所有可能存在的临时提问，例如："在我们今天的讨论过程中，有没有出现任何与内容相关的新问题？"

临时提问与嵌套式提问（提问策略4）存在相互重叠的地方，但临时提问通常是那些在讨论过程中被学生提出并因此被明确的问题，无论提出的方式是直接还是间接的。

明确的临时提问：当一个小组或班上的学生明确地提出一个可以由教师或小组成员回答的问题，那么这就是一个临时起意式的问题。例如，如果任务式问题（提问策略2）是"这张照片里有多少条河流"？那么可能有学生会问："怎么样才算一条河流？"因为这个临时提出的问题就确定了任务问题中所隐含的关键嵌套问题，教师可以将这个新的问题写到黑板上。

隐含的临时提问：如果班上有同学说，"我不知道答案，因为那看起来像是一条溪流而不是河流"，那么他其实提出了一个隐含的临时问题。因为，尽管学生没有明确地问出"怎么样才算一条河流"，但他通过自己的表述点明了问题所隐含的困惑之处。教师或教材提出的这个任务问题可能被设计成一个存疑的问题（详见提问策略26），让"一条河流的定义到底是什么"变成了值得商榷的内容（详见提问策略25）。应对这种情况的办法之一就是观察整个班的学生如何回应这个存疑之处，另外一个办法就是将学生隐含的问题明确化，教师可以说："啊！你提了一个很棒的问题！那么，（对着全班学生说）到底怎么样才算一条河流？"

IDEA 6

提问策略6：赫耳墨斯型问题
——提高学生的理解和阐释能力

"……我永远都不会说谎，但我不能保证自己总是能够说出全部的真相。"（赫耳墨斯对宙斯说）

这个提问策略的名称听起来可能有点吓人，但不要因此放弃这个极为有用的提问策略。这个提问策略的理念借鉴了大卫·波契（David Birch）的著作《挑衅式激励：中学教育哲学》（*Provocations: Philosophy for Secondary Schools*）（2014）的相关理念。

· 教学小贴士 ·

有时候，这种"解析"问题的过程能够很好地引出相关的任务问题——在有些情况下，这也是一个必经的过程。

· 进一步拓展 ·

这个操作步骤在诗歌教学方面的效果最佳：
1. 阅读诗歌（有的时候可能需要读两遍）！
2. 教师提问："诗歌中有没有哪个词汇或者短语是你们不能理解的？"
3. 如果存在不理解的词汇或短语，教师可提出一个解释性问题，如："那么，你们认为这个单词/短语是什么意思？"

第一部分：好问题的类型和结构

> **· 进一步拓展 ·**
>
> 4. 提供上下文背景：要求学生阅读相关内容，然后再提出问题3。
> 5. 接受学生提出的意见，如有必要，教师可进行澄清/纠正。
> 6. 对其他不理解的词汇或短语，继续重复第2—5的步骤。
> 7. 再次阅读诗歌。
> 8. 教师提出一个宽泛的问题："你们认为这首诗歌想要表达什么意思？"

这个问题标题中的"赫耳墨斯"一词很容易就让人联想到古希腊的神赫耳墨斯（如果你没能产生这个联想，那么下一次你应该要能够记起）！因为赫耳墨斯是希腊诸神的信使，负责在神与凡人之间传递信息。凡人需要理解和阐释神的旨意，所以在解读或揣摩上天诸神所颁布的任何模糊不清或捉摸不定的旨意方面，赫耳墨斯就成了最佳代表。

因此，一个赫耳墨斯式（阐释性）问题就意味着学生们需要去"解析"问题的含义。教师不会问学生是否认同问题所表达的含义或立场，而是会要求学生去分析这个问题所表达的含义或立场是什么。例如，如果教授的内容与莎士比亚有关，那么教师在询问学生他们是否认同（哈姆雷特）之前，应该首先提问哈姆雷特那个著名的问句想要表达什么含义，因为"事情本身并不存在好或坏的分别，但人类的思考会给出好和坏的判断"。更多信息可以参考（提问策略40）关于希腊名言"认识你自己"（know yourself）的讨论和（提问策略70）关于"以提问来实现理解或阐释"的相关内容。

IDEA 7

提问策略7：启动问题、终结问题和论证问题——好课程必要的三种问题

"一节好的课程往往始于问题也终于问题。"

这三种问题在开启讨论和结束讨论方面扮演着非常重要的角色。

> **· 教学小贴士 ·**
>
> 当所涉的研究性问题成了争议点或不能达成一致意见时，即事实尚不清楚的情况下——因为学生们还没能通过调查解决这些争议——教师总是可以使用"假设事实"（提问策略43）或"二选一或假设"（提问策略44）等方法来确保学生讨论的正常进行。

> **· 进一步拓展 ·**
>
> 让学生养成良好的调研或检索习惯，可以点击：http://www.theschoolrun.com/primary-study-skill网站阅读文章来了解更多关于学习和调研习惯的重要技巧。

启动问题：指的是那些由教师提出来开启讨论的问题。这些启动问题不一定是讨论的重点，因此与任务问题或研究性问题有着明显的区别。因为启动问题不具备任何辩证性或辩证需要，不会明确地描述所涉的议题，也不要求教师在特定时机必须提出（详见提问策略37）。启动问题通常较为

第一部分：好问题的类型和结构

有趣，以激发情感或情绪为目标。请看下面的启动问题与任务/研究性问题的对比：

启动问题：你们认为这篇讲话如何？（开场白问题）

任务（研究性）问题：当X说……的时候，你们是否认同他/她的观点？（这个问题在语法层面实际上是一个封闭式问题）

终结问题：指的是那些在讨论结束时布置给学生们自己思考的问题，教师提出终结问题的目的往往是让学生进行反思或进一步思考。但教师最好采用更为系统化的方法来操作这些问题，例如可以将这些问题写到教室后面的问题角/墙上，或将它们放进班级的问题箱中（详见提问策略99）或发布到班级内部讨论平台上，或将这些问题布置为写作作业，等等。

论证问题：指的是在讨论过程中产生的需要论证的问题（详见提问策略8）。班上学生尚未掌握这些问题所涉的事实（有可能教师也还没有掌握相关信息），这些问题应该被记录下来，以便全班（或特定学生）在讨论的过程中或讨论结束后对其进行研究和论证。

IDEA 8

提问策略8：经验性问题
——来自直接经验的问题

"老师，类似这样的问题，存在正确的答案吗？"

经验性问题要求孩子们明白事物的本质，主要通过查证来回答——大部分事实性问题可以如此解决。下面是几个不同类型的经验性问题。

> **· 教学小贴士 ·**
>
> 教师要保持一个良好的心态，要意识到经验性问题可能也会成为引发无数其他问题的根源（详见提问策略26），因此不要将"事实"当成是一种理所当然。

> **· 进一步拓展 ·**
>
> 引入问题象限的概念（提问策略97），让学生们可以将"经验性问题"分成不同的类型。

■ **教室里有多少张椅子？**

这种问题可以根据直接的经验来核实答案，也可以由班级其他学生来共同得出答案。

■ **太阳系中有多少颗行星？**

这既是一个描述性问题，因为它描述了太阳系中特定类型天体的数量，同时也是一个规定性问题，因为符合"行星"这个范围的天体数量可能会因为"行星"定义的改变而产生变化。

- **地球是平的吗？**

这个问题只能通过间接经验来判断（通过观察其他人拍摄的图片来论证）或通过其他参照物来推测（例如月球及其他的行星看起来都是椭圆形的，因此我们有理由认为地球也是圆的）。

- **天鹅都是白色的吗？**

这是一个已经被认定为"定论"的问题又被新发现推翻的典型案例。因为在被推翻之前，所有人都认定天鹅是白色的，直到1697年发现了黑天鹅。自此之后，这个问题的答案就发生了变化，哪怕黑天鹅从始至终一直存在，只是没有被发现而已（详见提问策略11）。

- **外星人真的存在吗？**

这是开放式研究性问题的典型案例，即这种问题可能在未来的某一天能够得到解决或论证。但此类问题只能以肯定的方式来回答，否则它将仍是一个开放式问题，因为如果外星人不存在，那么我们也很难真正地论证它们不存在这一事实。

IDEA 9

提问策略9：二选一型和多选型问题
——提高学生的发散思维

"你希望自己第一个被吃掉还是第二个？"（桥底的怪物问）

二选一或"分叉式"问题和多选型问题意味着问题存在两个（或以上）的选项，即A或B。这些问题具有导向性，但如果运用得当，这些问题也可以产生积极的效果。事实上，在下面这些情况中，二选一或多选型问题被证明极为有用。

· 教学小贴士 ·

如有必要，教师可以明确邀请学生来挑出二选一的选项并提供其他可能的答案，例如："有没有哪位同学认为两个答案都正确？或认为两者都不正确？或能够提出除了A或B之外的其他答案？"

· 进一步拓展 ·

常见的谬误，尽管披着合理论点的外衣，本质上仍是糟糕的论述。请仔细研究类似"错误二分法"的谬论，因为这个陈述错误地传递了这样一个信息，即为了让学生们得出某个特定的结论，教师只能够提供两个选项。此外，也请参考提问策略61的"欢迎假设"部分的内容。

第一部分：好问题的类型和结构

■ **当学生年纪非常小的时候**

如果你看过类似汤米·温格尔（Tomi Ungerer）的《三个大盗》（2009）这本书并跟着四五岁的孩子们一起阅读，教师提问："大盗们是好人吗？"孩子们可能回答"是的"，因为这本书是以大盗们改过自新做好事来结尾的，将问题一分为二有助于提醒他们注意其他选项。

■ **鼓励孩子们挑战二选一的问题**

虽然建议学生只有一定数量的正确选择非常重要，但这种做法是否可取在于你的提问心态（提问策略18）：如果你提出分叉式问题的理由是你认为只有（或你希望只有）两个答案可以选择，那么教师的引导作用可能是错误的。但如果教师对进一步的可能性保持开放态度，那么二分问题就可以鼓励孩子们挑战和解决"二选一的难题"。

■ **确保议题的精准性**

正如二选一的问题那样，多项选择题也是为了确保议题的精准度（考试所设置的问题也秉持同样的宗旨），此外多项选择题也可以为孩子们提供没有想到的可能选项。因此多项选择题可以成为"备用"教学手段，尤其是当孩子们没能预测到所有可行的答案时。因此，教师应该先让学生们自己列出尽可能多的选项，然后再提供预先准备好的版本（详见提问策略60）。

IDEA 10

提问策略10：概念化提问
——加深学生对问题的理解

"概念背后的理念是什么？"

概念是我们使用的词语背后的思路；是词语所代表的想法。

· 教学小贴士 ·

一些有用的区别：
- 你讲X的时候，是什么意思？（个人理解）
- X是什么意思？（字典定义）
- 其他人在讲X的时候，是什么意思？（其他个人理解）

· 进一步拓展 ·

打破循环：尝试这个概念分析工具，要求孩子说出X的意思，但鼓励他们避免使用循环定义（例如"成长就是成长"）。教师可以说："在回答问题时，你能说出X的意思而不使用这个词X或它的动词ing形式吗？"

以下是一些常见的基于概念的问题结构，对教师课前规划课堂提问有所帮助：

1. 名词类概念问题结构

■ **什么是X？** 具体名词类概念问题的例子是："什么是胡萝卜？"抽象

第一部分：好问题的类型和结构

名词的例子是："什么是自由？"（涉及抽象名词的概念性问题，也被称为苏格拉底式问题）

- 什么不是X？/ X不是什么？例如："什么不是人类？"（答案："外星人不是人类。"）或："人类不是什么？"（答案："人类不可能长生不老。"）
- 是否有不同种类的X？例如："是否存在不同的谎言？"（详见提问策略67）

2. 关系类概念问题结构

- X与Y有何不同/相似之处？/ X和Y是否相同？例如："蒸汽和冰有什么不同"或者"水和冰一样吗"？
- X与Y的关系是什么？例如："自由与选择之间有何关系？"
- 你可以同时拥有X和Y吗？例如："你能既善良又正直吗？"

3. 动词类概念问题结构

- 要怎么做才可以实现X？例如："要怎么做才能赢？"
- 要怎么做才能成为X？例如："要怎么做才能保持善良？"
- 什么是X-ing？例如："思考是在想什么？"

4. 动词和名词结合型概念结构

你能V（动词）N（名词）吗？例如："你能拥有（V）自由（N）吗？有可能打破（V）水（N）吗？"［感谢大卫·波契（David Birch）提出这个问题］

IDEA 11

提问策略11：知识类提问
——提高学生的反思能力

"但是，你怎么才能真的确定自己知道了应该知道的信息？"

认识论是古代希腊语中的"知识"，因此认识论问题与知识有关。认识论可能看起来模糊不清，但正如Demos智库在一份报告中所说的那样，它是当今儿童数字化素质教育问题的核心。[巴特利特和米勒（Bartlett and Miller），2011年]。因为当前流行"假新闻""替代事实""事实核查"和"事后真相"等现象，我们知道什么信息以及我们了解这些信息的途径就变得至关重要。

· 教学小贴士 ·

不要只是经常地进行自我的事实核查，还要教会班上的学生自己正确地完成事实核查的任务。你可以使用英国国家文教信托（The National Literacy Trust）提供的资源（2017）来协助解决这个问题：https://literacytrust.org.uk/resources/fake-news-and-critical-literacy/。

· 进一步拓展 ·

对"知道什么是什么"这个知识问题有四个哲学层面的理解，在这个过程中，我们寻求的是对知识的解释或阐述，这可能会在反思知识的过程中发挥作用（详见提问策略57）。

第一部分：好问题的类型和结构

以最直接的方式理解，我们提出知识问题的目的是测试对相关知识的掌握情况（例如，问"法国的首都是什么"？答"巴黎"）。然而，我们可能不仅仅想测试一个人所知道的东西，还可能想了解一个人是如何知道的（例如"你怎么知道巴黎是法国的首都"？可能的答案："我在地图册上查了一下"）。第三个层面涉及一个反思性的问题，"你怎么确定自己知道X"？答案将是一个更复杂的解释，可能包括对所有可能涉及的问题的考虑（详见提问策略26），例如地图集是否过时，并强调某些事实的规定性或因情况而变动的特性（即它们不一定总是固定的——详见提问策略8）。

下面这些简单的问题可以说明这三个不同的层级：

- 知识的**测试**："2＋2的答案是什么？"
- 知识的**解释**："你是如何知道的/解决这个问题的？"
- 知识的**反思**："你怎么知道这个答案对不对？"

第三个层级的深度问题已经不仅仅是一个问题，而是要求回答者对问题提出质疑（详见提问策略25）。

IDEA 12

提问策略12：道德型问题
——提升学生思考和看问题的视角

"我能够，我可以，但我应该吗？"（十岁小孩的疑问）

道德型问题指的是教师通过提问，要求孩子们说出事情（或他们如何思考或看待某事）应该或必须是什么样的。

· 进一步拓展 ·

要深入了解道德问题，请使用以下结构：
- 什么使得做X可行？
- 是不是做X总是/永远都不可行？
- 做X总是错的吗？
- 有时候做X是对的/错了吗？（参见提问策略51）
- 我们应该如何决定是否可以做X？（这对道德决策过程和原则至关重要）

伦理层面或道德层面的问题通常包含某些关键词，如应当、应该、对/错、可接受的、可行的，还包括不得不或必须等词汇。尽管这些词语常用于提出伦理层面或道德层面的主张，它们也有其他功能，例如表达非道德层面的需要或可能性等，例如："今天的天气应该依然晴朗。"

一些常见的道德问题结构包括：

第一部分：好问题的类型和结构

表面层级

- X可行/可接受/正确吗？

F应该做X吗？寻找反例（详见提问策略71）。

- 什么时候X不合适？/什么时候X可以？

有时，在回答道德型问题时，学生会通过提供描述性答案（"是否"）来避免回答问题中的道德要求（"应该"），例如："如果有人打了你，打回去是否是正确的？""大多数人都会回击的！"在这种情况下，教师可以通过类似"是否应该"等表述将答案锚定在道德维度上："所以，'大多数人应该会回击'（请一字不差地引用），你认为他们应该回击吗？"

IDEA 13

提问策略13：质疑型问题
——提高学生的探究能力

"讯问（Interrogate）"一词源自拉丁语的interrogat（被质疑）并且援引了动词interrogare的构词法，其中inter代表"之间"和rogare代表"询问"（牛津英语词典）。

"讯问（Interrogate）"这个词可能引发不愉快的联想，然而，有时候提出问题这个行为自身就被描述为一个讯问的过程。

· 教学小贴士 ·

当教师们在使用讯问形式进行提问时，需要留意小学生们的不适情绪，想一想如何改变自己的思维方式、肢体语言或课堂条件以降低这些不适感。

· 进一步拓展 ·

研究和学习一下苏格拉底式的质疑。苏格拉底式的提问方法和苏格拉底式的对话，都受到古希腊哲学家苏格拉底的讯问型提问实践的启发，正如他的学生柏拉图在《对话录》中所描绘的那样。

现在我们可以暂时搁置是否所有提问都带有讯问性质，因为我们需要认识到探究于深入探讨是至关重要的，所以这种提问确实有其地位。但是，

第一部分：好问题的类型和结构

要记住一些重要的考虑因素。

开场提问

有的时候，提出讯问式问题或探究性问题是最佳的开场方式（详见提问策略41）。教师们可以问："你能说出原因吗？"然后问："你能够举个例子说明吗？"

故意唱反调

尽管这个提问方式凭借其效果在提问策略中占有一席之地（详见提问策略58和65），但我建议考虑其他方法来达到同样的目的。

保持正确的心态

为确保你以正确的方式进行探究，请密切关注你的提问思维方式（详见提问策略18）。如果有学生因讯问式问题而感到不适，那可能是因为提问者在提问过程中秉持了错误的心态。

肢体语言

以这种方式提问时，请注意你的肢体语言，眼神接触和语气，这样做可以最大限度地减少负面影响。

建立师生之间的信任

如果你的课堂已经建立了师生间的信任，你将能够获得讯问型/探究型问题的好处（参见提问策略19）。

IDEA 14

提问策略14：引导式问题
——发现答案的多种可能性

"什么是引导性问题？这类问题是不是自身已经包含了答案？"

一个引导性问题包含一个关于答案可能是什么的建议或假设。引导性问题有两种：反问句形式（当老师希望得到某个答案时）和推论性的（当老师想知道学生们认为可能会得出什么内容时）。第二种形式的引导性问题，只要教师提问的心态正确，就可以成为一种极为有效的工具。

· 教学小贴士 ·

要有效地使用引导性问题，教师需要密切关注自己的提问心态（提问策略18）。例如，对可能性引导可能会产生糟糕的效果（"我希望你们得出结论X"）或一个很好的效果（"我想知道你的想法"）。

· 进一步拓展 ·

观看一集关于庭审的电视，看看律师们如何利用引导性问题来实现自己的目标。还需要注意二选一类型问题的陷阱——因为它们往往都是错误的答案（详见提问策略9）。

引导性问题的例子可以是，"你觉得饭菜美味在什么地方"或"你认为吸烟应该被视为非法或你认为人们是否应该享有自杀的自由"？

第一部分：好问题的类型和结构

第一个引导性问题假设你非常喜欢饭菜，将你的注意力引导到美味在什么地方而不是到底是否好吃；第二个引导性问题通过提供两个选项，即非A即B（详见提问策略9），然后暗示"正确的"选项。第二个问题也是一个提供了既定答案的问题：通过引发回答者的强烈情绪来引导其给出问题所建议的答案。

除了引导性提问，我们还可以通过其他方式来引导他人的回答，例如语气、肢体语言和面部表情等。以下是引导性问题可以带来的好处：

■ **自动锚定**：锚定到问题的多个部分，以确保答案能够解决多个部分的疑问（提问策略39）。

■ **引导可能性**：要求某人扩展思考，考虑某事是否存在可能性，例如，学生："人类本质上是自私的"；老师："人类是否有可能做一些不自私的事情？"

■ **二分问题和多项选择**：在问题中规定和限制可能的选项（提问策略9）。

IDEA 15

提问策略15：隐含的开放问题，明确的封闭问题——培养学生的探索性思维

"这是一个问题。"

开放性问题，例如"什么是X"，是探索性讨论的基础，尽管它们并不总是最好的问题。但是即使你选择使用其他类型的问题，也不要忽视潜伏在背景中的隐含的开放式问题。

· 教学小贴士 ·

要使用一个封闭式问题所隐含的开放性，请使用下列结构：
· 如果学生们的回答是"是的"，那么教师可以追问"为什么"（参见提问策略41和75）。
· 如果学生们的回答是"不是"，那么教师可以追问"为什么不是"？然后说："如果这不是X（一首诗歌），那么什么是X/X应该是什么样的（X=诗歌）？"

· 进一步拓展 ·

当你为班级准备明确的任务或研究性问题时，请列出主要问题后面的所有隐含（嵌套）问题。从苏格拉底式问题着手（什么是X？参见提问策略10）。

第一部分：好问题的类型和结构

如果你想和班上的孩子们探讨数字的本质，而不是简单地问一个广泛、枯燥而抽象的问题，例如"什么是数字"，那么教师可以使用一个语法层面封闭的问题（提问策略16）。例如，"零是不是一个数字"？值得注意的是，与前面那个开放式问题相反，这个问题指向性更明确、更具体且没有那么枯燥。然而，其中隐含的、概念层面开放的问题是："什么是数字"以及"什么是零"，所以它仍然可以帮助你实现探索数字本质的目标。提出开放式的问题是找出这些隐含的开放问题的一种方式，例如教师可以问："那么，为什么零不是数字呢？"或者："如果它不是数字，那么数字是什么？"等等（参见提问策略4和41）。

假设你想要跟孩子们讨论诗歌。你可以先问一个开放的问题："什么是诗歌？"或者下面这个明确的封闭式问题（包含隐含的开放式问题）：

这

是

一首

诗吗？

（案例选自《培养孩子思维能力的40节课》，沃尔雷，2015a）

（其中隐含的开放性问题是："什么是诗歌？"）

IDEA 16

提问策略16：关键理念——使用开放式和封闭式问题，提高教师的自我提问能力

"开放式和封闭式问题之间的'语法层面'和'概念层面'的区别十分有趣。"（推特用户评论）

开放式和封闭式的问题到底是什么目前还不清楚，因此我们通常不知道如何有效地充分利用它们。

· 教学小贴士 ·

因此，不仅可以同时使用开放式和封闭式问题，还可以将二者结合起来使用（另见提问策略17）。

· 进一步拓展 ·

阅读发表在《学校哲学期刊》（the Journal of Philosophy in Schools）的文章《开放思考和封闭式提问：开放式和封闭式两种类型的问题》（Open thinking, closed questioning: two kinds of open and closed question）。该文章也可在线获得（Worley, 2015b；开放获取）。

"封闭式问题（……）可以用简单的'是'或'否'来回答，或者用特定的信息来回答。一个开放式问题无法用'是'或'否'或静态的答案来回答。"（维基百科定义）那么，以下是开放式问题还是封闭式问题？

第一部分：好问题的类型和结构

1. 2+2的答案是什么？
2. 什么是头脑？
3. 你能告诉我关于巴黎的一些情况吗？
4. 头脑是否等同于大脑？

前两个问题相对来说容易理解：问题1是封闭式问题，问题2是开放式问题，问题3和4更容易出现不同的意见。二者的区别在于它们到底是语法层面还是概念层面的开放和封闭问题。

语法上开放或封闭的问题可以根据其结构来判断其是开放式问题还是封闭式问题，概念上开放或封闭的问题是通过所涉概念的（想法、意义、关系）开放或封闭来判断的。根据全新的区分点，上述问题可以分类如下：

	语法层面的开放式问题	语法层面的封闭式问题
概念层面的 开放式问题	"什么是头脑？"	"头脑是否等同于大脑？"
概念层面的 封闭式问题	"关于……的事实是？"	"2+2的答案是什么？"

IDEA 17

提问策略17：关键理念——结合开放式和封闭式问题，帮助学生论证性思考

"我将在明天使用这个非常有效且实用的策略。"（一线教师表示）

这是所有教师提问策略库中一个至关重要的策略，它在提出可以用封闭式问题来评估的实质性观点（详见提问策略46）方面发挥着非常重要的作用。

· 教学小贴士 ·

当我们尝试教会教师们掌握这个提问策略时，大部分人的第一反应是："我当然早就做到了！"尽管看起来显而易见，但我在课堂教学实践中看到的却是，通过封闭式的提问来开启教学是教师们最容易忽视的一个操作。

· 进一步拓展 ·

尝试使用"假如……"式提问来完成这个操作（详见提问策略43）。想要了解更多关于开启教学的操作方法，可参阅提问策略41。

封闭式问题可以用">"这个符号来直观地表示，因为它形象地展示了封闭式问题的优点和缺点。封闭式问题的好处在于，它们非常的专注而具体；而它们的局限性则在于，它们倾向于通过简短的回应来关闭讨论，

第一部分：好问题的类型和结构

例如，"是""否""可能""视情况而定吧"或"我不知道"等回答。

开放式问题可以用"<"这个符号来直观地表示：这也形象地传递了开放式问题的优点和缺点。开放式问题的好处在于它们通常鼓励一个人说出自己想要表达的东西，它们是不确定的（因为开放式问题通常不会追求一个具体的答案）。而开放式问题的局限性则在于：回答者的答案"毫无限制"，这通常会因无法控制引发其他的讨论，从而非常容易跑题。

所以，我的建议是将封闭式问题和开放式问题的提问方法结合到问题X中：

提出一个封闭的问题　　　　　　X　　　　通过提问将其拓展！
例如："希腊人应该去打仗吗？"　　不！　　"为什么不？"

问题X为我们提供了开放式问题和封闭式问题的优点，即结合了封闭式问题的专注性和开放式问题的引导特质，这就让讨论在不跑题的情况下可以顺利地进行。

还有一个更深层次的原因让问题X变得如此有用——它是一种帮助学生以产生论证的方式进行思考和回答的策略，即学生能够得出充分的论证性结论（详见提问策略46）。

DEVELOPING A
QUESTIONING
CLASSROOM

第二部分

如何打造提问型课堂

100
ideas for primary teachers

IDEA 18

提问策略18：关键理念——提问心态，关乎问题及答案丰富性的重要因素

"……对我来说，我自己还不知道答案。但无论讨论将我们引向何方，我能确定那就是我们必须去往的方向。"（苏格拉底）

提出正确的问题可能很重要，但更重要的是提问时所秉持的心态。

> **· 教学小贴士 ·**
>
> 要秉持开放性提问思维（OQM），我们需要：
> · 聆听（详见提问策略21）
> · 避免阐释或解读（"所以，你的意思是……"）
> · 避免复述（"所以，你刚刚说的是……"）
> · 避免总结（"所以，今天我们讨论了……"）
> · 避免提炼要点（"所以，主要的观点是……"）
>
> 相反，我们应该定位议题，然后提供开放式讨论的机会和空间（提问策略37和41）。

一个封闭的提问心态是指提问者对他们正在寻找什么答案有先入为主的期望（例如，"法国的首都是什么"），或者他们对被问者在想什么有自己的理解（例如，"那么，你的意思是……"）。

一个开放的提问心态是指提问者希望学生只陈述他们的想法和他们为什么这么想，而不是他们认为提问者想要他们说的那些内容（读心术）。

第二部分：如何打造提问型课堂

这两种心态的主要特征对比列举如下：

开放的提问心态	封闭的提问心态
1. 聆听孩子们的想法或想要说什么。	1. 只听自己希望孩子们所具备的想法或想说的内容。
2. 聆听孩子们所想/所说内容背后的原因或理由。	2. 根本不听这部分内容！
3. 对问题触发的疑惑和其他的可能性保持开放的态度。	3. 避免或阻止（详见提问策略40）可能触发的疑惑或其他的可能性。
4. 聆听孩子们提出的更多学习需求（例如进一步的澄清和解释）。	4. 根本不听这部分内容！
5. 总是能够警惕自己作为教师自身存在的知识局限性或拥有正确理解的限制。	5. 倾向于将自己视为永远正确或总是拥有正确的知识或理解。
6. 一直在关注和寻找学习机会。	6. 根本不关注或寻求学习机会！

· 教学小贴士 ·

在下文第四个案例中，教师允许问题触发更多的疑惑或质疑，邀请学生们踊跃回答问题，并允许争论的出现。教师带着班上的学生"牢牢把握主题"以确保孩子们也重视所涉的议题，最后，教师利用临时提问，即"说唱能不能算诗歌"作为讨论的焦点，而不是"什么是诗歌"这个大而空的问题作为讨论的议题（详见提问策略15）。

· 进一步拓展 ·

关于这一点，请参阅我发表在《学校哲学期刊》上的论文《阿里阿德涅的线团：促进哲学对话的缺席和存在》（阿里阿德涅：国王米诺斯与皇后帕西法的女儿，曾给情人西修斯一个线团，帮助他走出迷宫）（Worley, 2016a）。可在线获取，并具有开放获取权。

无论是使用开放式问题还是封闭式问题，人们都可以拥有开放或封闭的提问心态。详见下文案例：

1. 封闭式提问心态和一个封闭式问题：

老师：2+2相加的答案是什么？

小学生1：是22吗？

老师：不是，其他人有没有不同的答案？

小学生2：是4吗？

老师：是的，答得好！

2. 开放式提问心态和一个封闭式问题：

老师：2+2相加的答案是什么？

小学生1：是22吗？

老师：你能说出为什么你认为答案是22吗？

学生1：因为如果你拿一个"2"并将它加到另一个"2"你会得到"22"。

然后，教师决定讲解数字和数值之间的差异以及+号作为连词和+号算术运算之间的差异。

3. 封闭式提问心态和一个开放式问题：

老师：什么是诗歌？

小学生1：诗歌很无聊！

老师：（无视了小学生1）其他人是怎么想的？

小学生2：它押韵。

老师：答得好！（写在板上"押韵"两个字）

4. 开放式提问心态和一个封闭式问题：

老师：什么是诗歌？

小学生1：诗歌很无聊！

老师：你能说出为什么你觉得它很无聊？

小学生1：因为它用的词都很老旧啊。

老师：其他人关于这一点有没有什么想法？有吗……？

小学生2：并非所有诗歌都用词陈旧，说唱就不乏味，也没有旧词。

学生1：但说唱不是诗歌。

学生2：不，说唱也是诗歌，它像诗歌一样押韵、有节奏，还表达了感情和想法。

老师：（对全班学生说）那么，说唱是诗歌吗？

IDEA 19

提问策略19：关键理念
——培养师生之间的信任和责任感

信任是人在易受伤而不被利用的情况下建立起来的。[鲍伯·瓦努雷克（Bob Vanourek）]

如果被问到一个问题，孩子们需要确定他们不会觉得自己很蠢或看起来很愚蠢。要做到这一点，教师们需要记住四个要点。

· 教学小贴士 ·

尽量不要开孩子们的玩笑，不论是让他们付出代价还是承担后果或在不适当的时间。如果这样做，你就有可能疏远学生并失去他们的信任。

· 进一步拓展 ·

提问策略22（应对窘迫：如何自如地处理尴尬情况），提问策略31（提问型社区）和提问策略32（透明度和所有权）等相关内容进一步拓展了这个理念。

· 超值附加策略 ·

罗宾·亚历山大（Robin Alexander）提出的"对话式教学"很值得研究。可点击：http://www.robinalexander.org.uk/dialogic-teaching/进行查看。

第二部分：如何打造提问型课堂

1. 积极倾听

积极倾听不仅仅是听到学生所说的话就完事了（详见提问策略21）。

2. 鼓励全体参与

邀请全班所有学生做出贡献，并记住：被邀请做某事的人始终可以行使拒绝权。

3. 确保适当的问责制

适当地回应错误：要确保始终如一，以便学生们能够在掌握知识能力的同时，预测教师将如何做出回应。如果学生说了有可争议的事情，教师需要提供纠正所需的信息，并邀请其他学生与他们互动，以适当和尊重的方式为他们的回答提供理由。

4. 回应的权利和适当的考虑

如果有人批判性地回应了其他人的想法，请允许他们行使回答的权利。他们可能会增补信息，修改他们最初的想法或彻底转变他们的想法。有时，教师的角色将是确保孩子履行其正确思考的责任，因为孩子有时会忽略对他们重要的反对意见。教师要温和地把握这些时机并进行提示，例如："那么，你如何回应F的想法……？"

提问策略20：表达认同
——教师要给予积极的肯定和反馈

"我们应该肯定还是认同？"（接受培训的教师问道）

当学生回答问题时，你是否应该对他们的贡献表示认同？这个问题值得仔细考虑。

· 教学小贴士 ·

用中性的表述来回应学生的答案，比如"有趣"或"谢谢"！但需要注意，即使是这些表述，如果语气不当，也可能会导致非中立的效果。

· 进一步拓展 ·

更多信息请参阅提问策略48（描述性教学），了解更多方法来突出和肯定学生值得表扬和赞美的回应和行为。

· 超值附加策略 ·

卡罗尔·克雷格研究了自尊和幸福并撰写了文章来挑战了许多先入之见，详情请查看：http : // www.centreforconfidence.co.uk/usingthesite. php。

显然，我们希望在学生们回答问题时鼓励他们，但是如果我们表达的鼓励或认同太过强烈或太多，可能反而会有害而无益。身为教师可能认为当我们表扬学生的答案或肯定他们的贡献时，就能够培养他们的自尊心和自信心。然而，如果这些"肯定"是毫无根据的，从长远来看反而会损害学生的自尊，而不是帮助他们建立自信。

肯定学生的答案存在的问题是，封杀答案的多样性：一旦孩子们听到教师对特定回答的"肯定"，他们就会说出相同或非常相似的答案，因为他们认为这或许是教师寻求的正确答案。

因此通过仔细的聆听和积极的肢体语言来表达认同或许是更好的做法，而不是通过类似"答得好"或"太棒了"等语言层面的表述。当然，教师说出类似表述的初衷可能是"你能够提供一个回答真是太棒了"！但学生们听到的信息可能是"这个答案太棒了！这就是我正在寻求的正确答案"！

当你在表扬学生时，要小心而谨慎，要确保我们的赞美是有的放矢的。例如，有学生在某个特定的活动期间，展示了该活动所要求的特定思维类型的一个很好案例（例如，他们提供了一个反例，详见提问策略71），那么教师就可以强调这一点。此外，表扬和肯定要透明，即教师要明确地说出表扬的内容和原因。总而言之，表扬和肯定要少而精，不要太过泛滥。

IDEA 21

提问策略21：聆听
——课堂提问的关键性能力

"聆听的艺术（是）一项玄妙的复调活动。"［帕布罗·穆鲁萨瓦尔·伦巴第（Pablo Muruzabal Lamberti）《聆听的学徒》，选自哲学基金会博客］

对于教师而言，最重要的智力品质之一就是敏感性（详见提问策略23）。良好的提问技巧（教师向学生提出的问题）必须以智力的敏感性为依据，而这需要通过积极的聆听来实现。

· 教学小贴士 ·

教师要保持开诚布公和诚实！当你没有聆听的时候，就不要假装听了。在课堂上存在太多容易导致教师分心的干扰因素，因此坦率地承认自己没有听到也没什么大不了。教师完全可以为自己的漏听而道歉，然后要求孩子们再重复一遍自己的答案即可。

· 进一步拓展 ·

可以阅读这篇关于如何提升哲学课堂的教师聆听能力的文章，这对任何有兴趣提升自己聆听能力的教师来说都非常有用。文章是由帕布罗·穆鲁萨瓦尔·伦巴第所写的《聆听的学徒》（2018），发表在哲学基金会的博客上。文章链接：www.philosophy-foundation.org/blog/apprentices-of-listening。

听到是非自愿的被动行为，而积极聆听则需要教师付出努力，因此这是一个有目的的活动，即听到会自动发生在你的身上，而聆听则是需要你主动采取的行动。因此，当积极聆听某人的话语时，你不仅仅是被动地听到语言，而是要去理解和评估。正如伦巴第（详见"进一步拓展"板块所提供的资源）所说的那样，这意味着你不仅仅需要聆听正在讲话的人传递的信息，还需要聆听自己"内心的声音"。

积极聆听不仅仅能够确保你（和小学生们）知道表达了什么内容，还能够思考这些被表达的内容，确保其他人也同时考虑这些信息或内容，除了积极聆听之外不做任何其他事情（参见提问策略19）。我知道要做到积极聆听很难，尤其是考虑到教师每一分钟都必须面临各种各样的压力和干扰。但是，只要有可能，教师就应该在孩子们开口说话的时候，将自己的耳朵、眼睛和心灵全数奉上。真正的聆听是教师能够接收到孩子们所说的信息，而不是强加或希望他们可能不会说出什么内容。这就需要教师秉持开放性的提问心态（详见提问策略18），尽力确保孩子们互相倾听，并以平等而尊重的方式聆听所有孩子的发言。

IDEA 22

提问策略22：难题
——如何自如地应对学生的困惑

"你不会感到困惑……好吧，你有的时候会感到困惑。"（哲学课上十岁的学生表示）

Aporia（迷失）是一个古希腊词，来自poros这个词，意思是"路径"或"前进道路"。当添加前缀"a"时，aporia意味着"行不通的迷失"。

·教学小贴士·

通过亲自示范，向学生展示你对绝境的欣赏——让学生可以明确看到教师的困惑，同时，也要让他们看到你愿意试错的强烈意愿。

·进一步拓展·

教师为何不尝试教会学生们掌握这个不常见的词汇，并将课堂变成一个"专注于解决绝境的课堂"呢？

·超值附加策略·

教育家詹姆斯·诺丁汉（James Nottingham）在他的学习陷阱的概念中捕捉到了这些想法，并通过德维克［斯坦福大学心理系教授卡罗尔·德韦克将人的思维模式分为两种：僵固型思维模式和成长型思维模

第二部分：如何打造提问型课堂

> **·超值附加策略·**
>
> 式（Dweck，2000）。创客思维模式属于成长型，即面对困难和挫折时能够灵活转变解决问题的策略和思路，善于利用周边环境和条件］思维模式的成长思维原则表达了这一观点（提问策略49）。
>
> 据诺丁汉说，一个人的认识从清晰出发，经过困惑阶段之后，最终实现顿悟！（Eureka）（另一个古希腊词，字面意思是，"我找到了它"）。详见：www.jamesnottingham.co.uk/learning-pit。

我用aporia来指代那些个人感到"迷失自我"的经历，例如：茫然、困惑、模糊、不确定、沮丧、无聊和无知等。很多时候，这些经历往往被认为是坏事。

存在（至少）两种困惑：缺席困惑和当前困惑。

缺席困惑是当学生因为"不在现场"而导致的困惑或迷失，无论是字面意义上的缺席（学生离开了或因生病缺席了）还是隐喻层面的缺席（人在心不在）。在这种情况下，导致困惑的原因是缺乏足够的理解。当前困惑指的是学生认真听讲了，也尝试跟着教师的节奏去理解信息，但却遭遇了困难。在这种情况下，困惑的原因是理解不充分，或只实现了部分理解。

要确保一个提问型课堂来培养和鼓励学生，教师就需要秉持一个非常重要的态度，即拥抱这种"迷失自我的状态"（茫然、困惑等）。有些教师会因为学生这种迷失自我的状态而感到麻木，最终愤怒地走开，而有些教师可能会将其视为寻求解决方案或洞察力的一种呼吁。教师们通过提问试图达成的教学目标是，在他们的学生中培养第二种心理倾向，即学生不仅仅要在迷失的时候学会寻求新的道路，还要在已经掌握一条道路的情况下，刻意地离开这条道路，积极去探索未知的知识世界。

IDEA 23

提问策略23：智力的美德
——激发学生对学习环境的敏感性

"一个善良的头脑，就像一把好刀那样锋利。"

在这种情况下，我们应该将"美德"视为"能够让某人变得擅长某事的行为"。就像刀子一样，一把好刀必须要锋利。在这里，我们所谈的美德，应该像锋利的刀子那样，让学生成为更好的学生，或"知识分子"或"学习者"或"知识掌握者"。

· 教学小贴士 ·

在课堂上提倡这种美德的最佳方式之一就是教师的亲身示范，以及能够在学生展示出类似行为时予以肯定和表扬。

· 进一步拓展 ·

我已经创建了一个包含诸多内容的详细智力美德列表，方便诸位将其作为一个有效的评估工具。点击https://peteworley.academia.edu/网站即可获取。

我发现了五种核心的智力美德：

- 意愿；

第二部分：如何打造提问型课堂

- 责任；
- 判断；
- 评估；
- 敏感性。

作为一种教学手段，提问的最基本要求就是你所提问的人必须愿意参与（详见提问策略19）。

学生们需要对答案的知识性和正确性负责，他们应该做好对答案进行评价的准备，让同班同学承担类似的责任。而作为教师，我们有义务为学生们创造合适的条件，让他们顺利履行此类责任和义务（详见提问策略19）。

学生们还应做好**判断**的准备，他们需要知道如何进行判断，以及不害怕做出判断（详见提问策略24）。

同样学生们还应做好**评估**的准备，他们需要知道如何进行评估，也不要害怕做出评估（详见提问策略46、47和53）。

最后，学生需要对所有可能影响到学习情境的变化条件保持敏感性，而提出元认知问题（详见提问策略100）能够激发学生对智力/学习环境及任何可能造成影响的变化的敏感性。

IDEA 24

提问策略24：判断力
——培养学生的批判性思维

唯有浅薄之人才不以外表来判断。（奥斯卡·王尔德）

不要害怕要求孩子做出判断，如果你提问学生是否同意X的观点，那么他/她就必须做出某种判断。他们可能认为X所提出的结论不是真实的，或需要进一步验证或前后不一致，等等，所有这些都是进行判断的适当形式。

· 教学小贴士 ·

下面这些问题将有助于引导学生做出判断：
- 你对此有什么看法？
- 你是否认同X的观点？
- 你认为这是正确的/可接受的/可认可的/真实的吗？

· 进一步拓展 ·

想要了解关于批判性思维的技能及养成合理判断技能的规则，可阅读Nigel Warburton的《从A到Z的思考模式》(*Thinking from A to Z*)（2007）。

切不可将判断与审判思维混为一谈,因为审判思维指的是做出带有偏见性或过早的判断或"过早总结陈词"的情况。教师们应尽量避免在课堂上鼓励审判思维,但也不应将正常的判断能力的培养拒之门外。

个人意见的表达并不意味着所表达的意见就一定是正确的或不需要论证的。假设,一个人说"女孩子是接不住球的"。当你问他为什么得出这样一个结论时,他的理由可能是"我昨天看到一个女孩子尝试接球,但是没接住"!即便他真的看到了这样的案例,也没有资格得出这种一竿子打死所有人的普遍性结论,因为单个的案例并不能充分支持一个人推断得出一个一般性的主张。简而言之,这就不是一个合理的推论。

即便非常年幼的学生,也天生具备发现不合理推论的能力。通常情况下,他们会使用类似结构的表述"只是因为……并不意味着……"因此教师需要在学生讨论的过程中,仔细观察学生是否使用了类似的表述。教师可以在适当的情况下,重点突出学生对类似表述的运用,并归纳总结他们所使用的结构(只是因为……并不意味着……),让学生在未来的讨论中更有意识地使用此类战略性表述(详见提问策略48)。

同时可参考提问策略17:问题X的相关内容。

IDEA 25

提问策略25:问还是不问
——学会巧妙提问

教师的提问原则是:不要在学生讨论的过程中提出问题。(James T. Dillon,1994)

James T. Dillon同时表示:"……相反地,我们应该运用不同的提问方法。例如,教师可以向学生陈述自己的想法。"这看起来与本书所提倡的理念背道而驰,那么我们如何回应这样的提问原则呢?

· 教学小贴士 ·

没错,我们要知道"提问"的方法并不仅仅局限于"提出问题"。Dillon所提的原则并非要求我们完全不在学生讨论过程中提问,而是要求我们采用更巧妙的提问方法和策略。

· 进一步拓展 ·

教师们可以自己做一下研究。记录自己或同事所使用的不同提问策略,并重点关注在使用这些策略的情况下,学生给出的答案或回应的数量和质量,以及这些提问策略对讨论过程的促进或阻碍作用。

第二部分：如何打造提问型课堂

在本书中，我借鉴了Dillon提出的一个重要区别，即提出问题和对某事进行质疑之间的差别，因此本书中提供的提问策略要求教师们以有别于直接提出问题的方式来进行提问。在提问策略72中，我还建议教师们可以偶尔使用观点陈述的方式来对某些内容进行质疑，到目前为止实施的效果还不错。

然而Dillon指出，研究的结果显示，当教师们直接提出问题时，学生们的答案篇幅和内容均较简短；而当教师陈述个人的想法时，学生倾向于说得更多。但我们不能因此得出教师不应该提出任何问题的结论，因为其研究成果可能表明，案例中教师的提问技巧或许不够理想。

此外，Dillon声称当教师直接提出问题时，学生给出答案的篇幅和内容均较教师们陈述个人看法时要简短。但这或许是因为教师提出的问题是封闭式问题，没能给予学生足够的空间和自由来表达自己的观点和想法。

所以，我们不能盲目地认定"说得越多=说得越好"，因为有时候言简意赅的回答反而是更好的答案。而且通过陈述教师"个人的看法"，即便我们有可能激励学生说更多的东西，也可能导致他们失去主动思考的权利和空间。

IDEA 26

提问策略26：问题化
——培养学生求问的习惯

"问题分享，问题……减半？解决？加倍？"（借鉴了耳熟能详的英语谚语："快乐分享、快乐加倍"）

如果能够提前预测问题，那么在学习过程中此类问题的出现不会导致学习的停滞！因此一个"问题型课堂"永远都不担心问题的出现。

> **· 教学小贴士 ·**
>
> 养成求问的习惯。在陈述或解释信息之后，可以提出针对性问题，如"关于这部分内容，你们有没有疑问"及通用型问题"还有没有人不清楚或不明白的"？

> **· 进一步拓展 ·**
>
> 哲学及儿童哲学（详见提问策略90）是向孩子们介绍系统性提问方法的一个好方式，也能够让孩子们意识到打造提问型课堂是一件有趣的事。

设想如果你遭遇下面的"焦灼"情况，要怎么处理：

教师：句子是以大写字母开头并以句号结尾的表述。

学生：（写）F（错误！）（然后对教师说）这不是一个句子。

第二部分：如何打造提问型课堂

显然，学生们集体犯错了，而问题化指的是我们在工作中对某事物进行质疑的原则。愤世嫉俗的人可能会把它当成是"制造问题"的做法，但我更喜欢称之为"发现问题的契机"或"预测问题的机会"。孩子们非常善于发现某些问题，因此教师应该：

1. 在孩子们发现问题之前预测可能出现的问题；

2. 在孩子们发现问题时或认为他们自己发现问题时——因为有时候学生发现的问题只不过是需要进一步解释或澄清的内容——保持一个开放的态度。

关于问题型课堂还有一个重要的方法，即教师不仅要预测课堂上的问题并保持开放态度，还要积极地让整个班级的学生参与，给他们布置发现问题和解决问题的任务（详见提问策略22）。

为了打造一个健康的问题型课堂，教师需要：

- 保持开放的提问心态（参见提问策略18）；
- 欢迎学生提出疑惑或问题（参见提问策略22）；
- 鼓励学生使用批判性思维工具，例如对反例提出质疑（参见提问策略71）。

如果过度提问或质疑不合适，则简单地说"好的"，并根据需要进行解释（参见提问策略5中的教学提示案例）。

IDEA 27

提问策略27：苏格拉底反诘法
——促进学生积极思考的好方法

"在知识方面，我认为自己很聪明，因为我从不声称知道我所不了解的事情。"（引自柏拉图《苏格拉底自辩篇》中苏格拉底的表述——但这句话经常被错误地引用为"我只知道一件事——那就是我一无所知"）

有时候，假装自己不知道是激励班上学生积极思考的一个好办法。有时候，意识到自己也许并不真正地了解自以为知道的事物也很重要！

· 教学小贴士 ·

教师自己要对问题持开放态度，能认识到自己在知识或概念层面的局限性，并以身作则地向学生示范如何承认自我不足之处（即表达出一种需要指正、改进或他人解释的姿态）。

· 进一步拓展 ·

可以尝试使用下列表述来表达自己的不足或谦虚姿态：
· 我完全没想到这一点！
· 嗯，目前科学家们认为……
· 有没有同学能够为我们答疑解惑？
· 我说的不一定正确，但……
· 没错，老师说错了，你们能够发现老师的错误，实在是太棒啦！

苏格拉底经常装出一副无知的姿态，以便通过质疑向与他对话的人证明，他们对自我认为所知的东西实际上一无所知。苏格拉底的反诘点就在于，事实上他知道与其对话的人比他们自己想象中的更无知。在这种情况下，苏格拉底实际上采用了封闭式提问的心态。

然而，有的时候，特别是与朋友而不是对手进行对话和交流时，苏格拉底似乎跟这些人一样的无知。"……因为我自己尚未真正了解或明白，因此无论我们的讨论指向何方，那必定就是我们应该继续探索的方向。"（引自《理想国》）在这些情况下，苏格拉底处于一种开发的提问心态。

从这一点我们可以看到，对苏格拉底式反诘法我们可以有两种不同的理解方式：在教师没有犯错或并非无知的情况下假装犯错或无知，或认识到在某个问题上的确存在值得质疑的地方。"激励性的遗忘"（参见提问策略41中的"省略式表达"部分内容）代表了一种能够激励学生的方法，并可能适用于本节所述的第一种情况。

保持开放的提问心态有助于创造一种开放式的探究文化（参见提问策略31）。而这两种心态之间的唯一差别就是第一种是伪装的无知，而第二种是事实上的无知。

IDEA 28

提问策略28：元认知型教师
——学会自我观察

"成为你自己的'批判性朋友'！"（来自一位忙得昏天暗地的批判性朋友的意见）

我们通常推荐的提问能力评估方法是邀请一位同事以"批判性朋友"的身份来观察你提问（和其他教学事务）方面的能力和表现，但是，要找到一个有时间来帮忙的同事却不是一件简单的事情。所以，我们需要学会"自我观察"，就像你同事做的那样，并让自己成为一个元认知型教师。

· 教学小贴士 ·

要记住，评估不仅仅是描述。不要只描述自己做了什么，而是要寻找教学对学生产生影响的证据，基于这些证据评估自己的教学效果是好还是坏。

· 进一步拓展 ·

简单地切入"自我观察"模式可能就已足够，但一开始我们或许需要在师生问答互动环节后做些简单的记录或拍下课程中提问环节的互动和过程。

我们大多数人都没有意识到自己可能在提问过程中养成了一些不太好的习惯或做法，例如，在学生提供一个问题的答案后，发出表达不赞同的"嗯……"——哪怕在某些情况下，教师只是习惯性地表达，并没有否定的含义——或告诉学生教师认为他们的想法是什么，例如："所以，你认为更多的人应该参与投票。"

要成为元认知型教师，我们需要经历下面三个阶段：

1. **形成意识**！注意自己的行为，也要注意自己的思维，关注已经做了的事情，也要关注避免去做的事，克制自己的原因是什么？

2. **监控**自己提问的过程，问自己下面的问题：

■ 这个问题是必要的吗？

■ 我可以做些什么来改善提问效果？

3. 如有必要，使用适当的**工具和策略**（例如本书提供的）来**改变**自己的提问行为。

我们可以通过提出下列问题来评估提问行为的效果：

1. 你的**问题**（或干预手段）是什么？

2. 产生了什么样的**效果**？学生因困惑而沉默？还是能够引发学生的争论？

3. **评估**：所产生的影响是好还是坏？原因是什么？在这种情况下，我们将来可以做些什么来改进提问的效用？

提问策略29：辩证性目标VS包容性目标
——提升教师的决策力

"有时候，公正性与良好的讨论之间是相互冲突的。"

讨论通常有两个目标：辩证性目标和包容性目标。辩证性目标涉及讨论发展的正确顺序（即学生们发表的意见和建议是否正确），而包容性目标则需要确保所有的学生参与讨论并确保他们有参与感和容纳感。

· 教学小贴士 ·

透明度：在确定辩证性目标的优先顺序时，告诉学生们你为什么要做你正在做的事情。例如，如果你使用了"回答的权利"这个提问策略，那么学生们可能会发现有人能够在总结环节获得两次发言的机会。教师需要解释什么叫作"回答的权利"，并说明使用这个策略的原因。

· 进一步拓展 ·

McCall的"哲学探究社区"（2009，参见提问策略31）提出了一个结构性的要求，即每个学生的答案应该与前面学生的答案有所关联。因此每个回答问题的学生都应该按照下面的结构提供答案，即"我同意……当他/她/他们说……的时候，因为……"请尝试在学生讨论过程中使用这个结构来激励学生更好地推进辩证和讨论。McCall还建议应该使用虚构的名称以避免指名道姓，这可以提升包容性。

有的时候，辩证性目标和包容性目标会产生冲突，因此教师需要做出决定优先考虑哪个目标。当然，能够在这两个目标之间实现良好的整体平衡是最理想的状态。

所谓"辩证性"指的是利用提问和对话，对问题进行系统的探索和评价。为了帮助实现辩证性目标，我们可以尝试以下策略：

■ **回答的权利**：如果B评论或批评了A的想法，那么A有机会回应B的评论或批评（参见提问策略19）。

■ **答案检测器**：这也是鼓励辩证性推进讨论的一个好办法（详见提问策略83）。

■ **需求不同见解**：详见提问策略47和提问策略56。

为了满足包容性目标，并确保所有学生都被包括在内并参与讨论，下面这些提问策略能够提供较好的做法，包括提问策略36、80、82、84和86。

有时满足包容性目标也有助于实现辩证性目标。如果有重要的想法能够以重要的辩证方式推动讨论，而这些方式是通过常规方法无法实现的，那么重在参与的包容性目标将有助于实现这些想法。

IDEA 30

提问策略30：怀疑主义VS犬儒主义
——学会质疑

"我不是一个愤世嫉俗的人，我不过是一个现实主义者。"（Clapham集锦说）

本书的关键理念是"对一切事物进行质疑"（详见提问策略25）并创建一种"质疑型课堂"，但这更像是一种课堂文化，而不是具体的问题类型或提问策略。在某种程度上，这将涉及亲自示范：无论是教师对学生的示范，还是学生对学生的示范，或是学生对教师的示范。

·教学小贴士·

尽量避免向学生灌输个人的世界观，要注意自己可能从鼓励健康的怀疑主义变为兜售玩世不恭的犬儒主义！

·进一步拓展·

教师自己要了解和学习，并在适当的时候教授和塑造学生良好的批判性思维的技能。批判性思维可以使人成为一个能够及时发现"存疑空间"的人，强调需要检查事实和信息来源的重要性。Philip Cam的《二十个思维工具》（*Twenty Thinking Tools*）（2006）和Nigel Warburton的《从A到Z的思维工具》（*Thinking from A to Z*）（2007）都是很好的批判性思维资源。

思考下面两个关于质疑的表述：

- 他们究竟是怎么得出这个结论的呢？
- 我怀疑他的真诚，因为他是个政客！

在我看来，第一个表述可以作为好的质疑的范例，因为如果你看到一个提出了某种论点的标题，哪怕你需要就此进行后续的科学研究，想要更多地了解研究是如何完成的，或者基于什么原因得出了这样一种论点，都是一件好事，至少它在原则上要求我们进行一定的调查。

而第二个表述则简单地假设了某人的最坏情况，因为其隐藏的前提是，"所有的政客都是不真诚的"。这种结论肯定是值得怀疑的，即使是健康的怀疑论者也没办法说这是正确的说法。而且，想要调查和印证这个说法也非常困难。

健康的怀疑论者想要了解世界是什么样的，并在接受世界观之前进行质疑和论证。而愤世嫉俗的人则会直接对世界的样子下一个定论，这种定论往往会被健康的怀疑论者挑战。

那么，现实主义者是一个愤世嫉俗者还是一个健康的怀疑论者？我不能下一个通用的定论，因为这将取决于他们在具体情况下满足前述的哪种描述。简而言之，身为教师，我们需要示范的是"不要将事情视为理所当然"而不是"总是只看到最坏的一面"。

IDEA 31

提问策略31：提问型社区
——师生民主探究的重要平台

"强大的能力意味着更艰巨的责任。"（这一说法适用于很多人，从伏尔泰到蜘蛛侠）

提问型社区的定义似乎是不言自明的，它指的是：一群人在一起进行探究。然而，如果我们进一步思考，提问型社区或许指的是一群人，他们以协作、批判、创造性和谨慎思考的方式对任何存疑事物的经验或概念等方面进行探究。

·教学小贴士·

至关重要的是，学生们不仅要意识到他们在民主社会中拥有作为公民的权利，还应该承担相应的责任。可参见Resnick的《责任条件》（conditions ofaccountability）（Michaels et al., 2008）以及提问策略23。

·进一步拓展·

尽管提问型社区的概念与以学生为中心的教学法有关，但这一概念必须结合"以世界为中心/以真理为中心"的理解来实现平衡。想了解更多关于"以世界为中心"的相关信息，请参阅Gert Biesta的作品（2017）；如想了解更多"以真理为中心"的研究，请参阅Susan Gardner的作品（1995）。

第二部分：如何打造提问型课堂

提问型社区的概念最早是由实用主义哲学家C. S. Peirce作为一种科学研究的形式提出的，现在已经得到教育学家的认可，代表人物是约翰·杜威（John Dewey）和马修·利普曼（Matthew Lipman），《儿童哲学》（详见提问策略90）致力于宣扬这一中心教学模式。然而，教师可以在无须实施P4C的情况下充分利用提问型社区这一概念，因为这个概念倡导的诸多理念都已经在本书中得到体现。

尽管教师在知识方面不一定与学生处于同一水平，但教师认为他或她自己至少在某种程度上，是带领学生进行探究合作的研究者。尽管被认为是民主理想在教育中实现的重要途径，提问型社区并不推崇对知识的认识由群体来决定这一观点（虽然往往人们误解其强调这一点）。就提问而言，提问型社区提供了一个重要的平台，让师生在教育过程中提出问题和质疑，让学生获得一种重要的辩证机制，使他们能够成为民主社会的积极参与者并意识到自己具有发言权，意识到自己具备分析的渠道和机会，进而让他们的发言变得强有力。

IDEA 32

提问策略32：透明度和所有权
——学生和教师拥有的权利

"正义是秩序和交换的美德——公平的秩序和诚实的交换。"[安德烈·孔特–斯蓬维尔（Andre Comte-Sponville），法国哲学家，曾在ÉcoleNormaleSupérieure学习，并在哲学方面进行了总结。他是无神论和唯物主义的支持者，作品的最重要贡献是从后物质主义的角度克服传统的唯物主义无神论]

所有权是孩子们在回答问题时所需要的，透明度则是教师确保课堂上的所有权所需要的。

> **· 教学小贴士 ·**
>
> 为了确保孩子所有权的最大化，教师需要尽可能使用无内容的结构性问题并避免隐藏的议程，即教师需要：保持透明，并采取开放的提问心态。

> **· 进一步拓展 ·**
>
> 点击https://philosophynow.org/podcasts/Primary_School_Philosophy听取信息，了解两个提问者提问效果之间的差别。导师提问学生时，学生回答了他的问题并且知道自己为什么回答这些问题；而面试官在提问学生时，学生回答了他的问题但却不知道为什么要回答这些问题。点击https://andrewjtaggart.com/2011/11/即可了解更多关于前述音频的分析。

所有权并不意味着让孩子们来决定一切（例如要提出什么问题）。它强调的是，孩子们回答了问题并且：

1. 知道为什么回答这些问题；

2. 自己决定给出什么答案；

3. 承担他们给出答案的责任；

4. 对所讨论或探究的问题具备某种概要观点（整体把握）。

透明度是公正的教师在提问（及其他教学过程）时所运用的技巧，以确保交流的公平、诚实和可见性。孩子们的所有权取决于教师的透明度，因此教师应该始终牢记下面这些目标：

■ 明确问题的背景/上下文（你的问题如何与你所提出的其他问题联系起来）？

■ 明确提问的目的（学生们知道你为什么要提出这个/些问题吗）？

■ 不要默认学生们理解了问题的隐含意图（问题中是否包含了教师认为理所当然，但却需要向学生明确解释的内容）？

■ 询问学生的想法。

■ 赋予学生选择不回答的权利。

除非绝对必要，教师不要复述、总结和标示，因为教师的任何解释，都可能迫使学生更进一步地丧失对问题和讨论的所有权。

IDEA 33

提问策略33：失传的学习工具
——语法、逻辑、修辞

"……他们学习一切，除了学习这门艺术。"（多萝西·塞耶斯，著名作家）

受古希腊人和罗马人的启发，中世纪教育家开发了一种教育模式：三学科。三学科教育模式在近年得到复兴。

· 教学小贴士 ·

双重教学：将学科的教学与三学科的教学大纲的技巧结合起来。例如，在按照既定教学大纲进行教学的同时，除了测试知识点（语法）之外，教师可以运用"造句"的教学策略[参考《培养孩子思考能力的40节课》（*40 Lessons to Get Children Thinking*），Worley，2015a]来帮助学生从辩证和修辞的角度探索他们关于算术运算的理解。

· 进一步拓展 ·

以三学科为主题的书籍包括：《自由空间：Kessels，Boers和Mostert的对话现场指南》（*Trivium: Free Space: Field Guide to Conversations by Kessels, Boers and Mostert*）（2009）（可联系哲学基金会获取副本）。Martin Robinson的《三学科21c》（2013），Dorothy Sayers的《丧失的学习工具》（*The Lost Tools of Learning*）（2017）（http：//www.gbt.org/text/sayers.html）。

第二部分：如何打造提问型课堂

三学科（语法、逻辑、修辞）与四学科（算术、几何、天文学和音乐）形成了鲜明对比，但二者共同构成了文科的七个学科。所有这些学科，如果学习实践得当，可以让一个人获得真正的自由。四学科包含了当时被主流社会认为非常重要的学科，自中世纪以来，我们对所谓的重要学科的看法已经发生了巨大的变化，数量上也发生了巨增。时至今日，我们在三学科中看到的"学习工具"，即掌握语言的规则（语法）、推理的科学和艺术（辩证法或逻辑）和说服力（修辞），依然被认为非常重要。但可悲的是，这些学习工具依然经常性地被老师和学生们忽视。

人们可以质疑三学科的所有支柱内容（参见Bloom在提问策略54中的分类法，了解如何结构性地进行质疑），然而对第二个支柱学科能力的培养，即辩证法（理性对话）能力的培养，是教师打造"提问型课堂"的关键所在。本书大部分内容都致力于培养教师这些类型对话的能力，但教师需要负责和系统地实施和实践（例如，可参见提问策略90中关于正确实施哲学和P4C的方法）且不应该在针对性地训练某一个学科能力的同时，忽略三学科中任何一个学科的培养和训练。

IDEA 34

提问策略34：关键理念
——显性存在和隐性存在

"一个好的服务员，能够在满足客户所有需求的同时，不喧宾夺主地刷存在感。"

显性存在和隐性存在是课堂教学的一般性原则，它们与我们如何提问以及何时提问等密切相关。因为在提问的艺术中，何时发问与何时选择不发问有着同等的重要性。

· 教学小贴士 ·

如果教师希望在实质性想法的内容上实现"走出去"，那么就需要确保自己在讨论过程中所说的想法是学生自己的想法。教师说的越多，学生们真正能够实现的讨论就越少。（详见提问策略32）

· 进一步拓展 ·

尽量以学生无法分辨出你真实想法的方式，来进一步推动学生的讨论。

第二部分：如何打造提问型课堂

> **·超值附加策略·**
>
> 了解一下道家的"无为而治"原则，有的时候这个原则也被理解为"不做"或"不费力"，也属于"阴阳"概念内两个对立的观点。这些概念能够帮助教师们理解如何实现显性存在和隐性存在之间的平衡（并且不仅仅局限于教学层面）!

显性存在指的是教师/指导老师通过（提问、提出建议、澄清或进行活动）等方式对课堂活动进行干预的行为。

隐性存在指的是教师/指导老师避免进行课堂干预的行为。

教师进行课堂提问干预的方式主要有两种：从内容方面（参见提问策略55）或从过程方面（即教师扮演一个结构性过渡的角色）。

教学的艺术和提问的艺术要求教师能够在适当且高效的显性存在和适当且有效的隐性存在之间保持平衡，即教师需要知道：何时"介入"以及何时"淡出"。

本书中提供的许多实用策略都强调了显性存在和隐性存在。比如，在"如果式提问""锚定"和"开场白式提问"中均强调了显性存在的作用，因为这些提问策略都倡导教师的主动干预——要求教师采取行动来影响后续的课堂教学活动。但这些策略也表达了对隐性存在的要求，因为教师同时也扮演了有限的结构性角色，让教师避免在学生讨论或交流的过程中提供与内容相关且代表个人看法的观点。

IDEA 35

提问策略35：教师要认真对待学生的错误回答

"'错误'好像已经成了某种代表负面效果的表述，但使用这个词就真的是'错误的'吗？"

假设，你提出一个问题，学生给出了错误的答案，身为教师的你要怎么做呢？

> **·教学小贴士·**
>
> 当学生给出正确答案时，要对给出答案的动机保持开放的心态。因为有可能当你提出"2+2=？"这样的问题时，学生给出了"4"这个正确答案，但回答正确的原因是"因为4是我的幸运数字"！

> **·进一步拓展·**
>
> 可以参考提问策略100，了解与元认知问题相关的内容。学会如何鼓励孩子们自己提出问题，这将能够帮助他们评估自己的进步并记录自己的学习成就。

首先，我们完全不需要弃用"错误"这个词。要示范如何利用错误的答案，教师需要亲自操作。但我不建议教师为了达到这个目标而故意犯错

（尽管有时候我们需要这么做），教师需要知道自己无须在犯错时刻意掩盖或回避。而当教师没有意识到自己犯错，但学生们指出来了，就再好不过了！能力和水平较高的学生，也需要知道这一点，才能够大胆地尝试。

教师可以利用下面两个教学策略：

1. 习惯性地提问学生为什么会产生某种特定的想法，以此开启讨论并不断开拓他们的思维！

教师要秉持开放的提问心态（详见提问策略18），且无论学生的回答是正确还是错误（或完全无法回答），都要保持开放的心态。如果教师在学生回答错误时仅仅使用了对话式提问或探究性提问（详见提问策略13），那么在提出后续问题时，很可能会导致学生犹豫不决。

2. 严肃地对待所有的答案。

有时候孩子们很难给出一个严肃的观点，有时候他们给出的回答可能很搞笑，但有时候一个不太严肃的答案也同样能够对讨论产生重大的影响。所以，如果有孩子回答问题就是为了搞笑，那么教师依然需要严肃地对待这个答案，并请学生解释给出此类答案的原因，或鼓励他们表达更多的信息，这么做将能够引导学生减少不必要的表述并给出更具知识性的回答（详见提问策略23）。

IDEA 36

提问策略36：如何回应学生
——做事项清单

"打破规则要比说出任何直截了当的东西更野蛮。"（乔治·奥威尔，《政治和英语》）

下面这个清单将帮助你正确地回应学生。

· 教学小贴士 ·

总的来说，教师需要时刻了解自己提问的动机并关注自己提问的心态（详见提问策略18）。

必做事项：

- 致谢（详见提问策略20）；

- 微笑；

- 聆听（详见提问策略21）；

- 耐心等候；

- 开启师生对话（详见提问策略41）；

- 锚定主题（详见提问策略37）然后开启师生对话（详见提问策略41）；

- 提出"如果……"假设性问题，锚定主题（详见提问策略37）然后开启师生对话（详见提问策略41）；

第二部分：如何打造提问型课堂

- 鼓励学生；
- 请学生回答/提出挑战（详见提问策略19）；
- 关联各个学生提供的意见或想法（详见提问策略53）；
- 请学生指正；
- 为学生提供正确/有用的资源，方便他们进行事实核查（详见提问策略11）；
- 复述学生的答案（在这个步骤中，教师需要逐字逐句地复述学生所说的答案）；
- 不管学生说了什么，都尽量以某种形式予以肯定（详见提问策略80）；
- 鼓励学生们在讨论中相互交谈，而不是总是将学生们的意见指向教师；
- 在讨论过程中，教师确保自己在学生们的视线之外，以此来鼓励学生们互相交谈；
- 如果没有听到学生们所说的话，礼貌地请他们重复一遍（详见提问策略21）；
- 能够适应和习惯学生们的沉默——不要总是想要去说些什么来帮学生填补沉默。

> **·进一步拓展·**
>
> 可以录制自己的上课视频并注意自己是如何回应学生的，也可以观摩同事的课堂并了解他们是如何回应学生的。

应避免事项：

- 在回应学生时，语带讽刺、嘲弄或嘲笑意味；

Part 2: Developing a questioning classroom

- 嘲笑学生的答案或不屑一顾（详见提问策略19）；
- 过快地纠正学生的答案（详见提问策略35）；
- 除非绝对需要，不要复述、总结或解读学生的回答（详见提问策略18）；
- 忘记开启语法层面已经封闭的问题（详见提问策略16和41）；
- 锁定学生的思维（详见提问策略40和61）；
- 明确表达肯定的意思（详见提问策略20）；
- 在没有听到的情况下，假装正在聆听或已经听到了学生的答案（详见提问策略21）；
- 给出毫无根据的赞扬（详见提问策略20）；
- 过快或过于频繁地提供回应；
- 担心学生知道他们犯错了，但必要时应以理性而恰当的方式让他们了解自己的错误（详见提问策略35）；
- 教师参与学生的讨论，与学生交谈并打断学生之间的讨论；
- 过于频繁地分享教师自己的想法或意见（详见提问策略34）；
- 明确表达自己的失望情绪；
- 陷入惯性的提问习惯或方法（详见提问策略28）。

QUESTIONING
STRATEGIES

第三部分

提出好问题的战略方法

100
ideas for primary teachers

IDEA 37

提问策略37：关键理念
——锚定主题，确定关键点

"秘诀很简单：把问题再问一遍！"（来自一线教师的致胜秘诀）

"锚定就意味着你需要再次提出关键的问题。"

· 教学小贴士 ·

锚定主题这个技巧还鼓励孩子们揭示他们提供的答案中可能存在的所有隐藏（隐含的）相关性，但同时不会忽略他们所说的内容。这个方法能够帮助孩子们启动讨论，即提供支持性的论据来得出结论，也能够避免使用复杂的语言或过长的句子（详见提问策略79）。

· 进一步拓展 ·

如想进一步拓展这一技能的方法，可参考提问策略17和提问策略46的相关内容。

需要锚定主题的一种常见情况是，学生在回答问题时说了一些东西，但所说的内容并没有（或没有明确地）回答提出的问题。例如：

问题：这是一个奇数吗？

答案：它可以对除。

锚定问题：所以，它是一个奇数吗？

学生：不是。

如果需要对下面此类在语法层面封闭的问题（详见提问策略16）进行主题锚定时，请记住在必要时提出启发式问题（详见提问策略41）。例如：

锚定问题：所以，它是一个奇数吗？

学生：不是。

启发式提问：能不能说一下原因呢？

学生：因为奇数不能对除。

有的时候，教师需要在提出锚定主题的问题之前，先提出"如果……"的假设式问题。例如：

教师：如果你可以将一个数字对除，那么（锚定主题）它是不是一个奇数呢（详见提问策略43，了解何时应该进行类似操作）?

锚定主题类提问是一个有效的提问策略，主要是由于以下几个方面：

- 它能够帮助引导孩子们正确地回答主要问题（就像他们在考试中回答问题那样）；
- 它有助于鼓励答案的相关性；
- 它有助于教师/指导员保持隐性存在（从内容输入的角度来说，详见提问策略34）。

IDEA 38

提问策略38：通过锚定主题获得即时而直接的答案

"锚定主题能够让学生形成提供答案的条件反射。"（一线教师的建议）

当你问学生们有什么想法或有什么想要说的内容时，他们可能只会耸耸肩，然后说"没有"或只是摇头表示拒绝。

· 教学小贴士 ·

如果你提问学生他们是否有什么信息想要表达，而他们回答"没有"时，教师需要迅速地提出一个锚定主题的问题。因为在99%的情况下，孩子们能够对这个简单的提问策略做出反应，并说出一些东西。但教师要牢记不可强迫孩子们发言，一定要记得礼貌地请求或邀请他们的回答。

· 进一步拓展 ·

阅读《卫报》上一篇安迪·韦斯特写的题为《哲学将我从贫困和毒品中拯救出来》的文章，了解如何运用锚定主题这个技巧来帮助那些沉默寡言的学生开口表达。点击下面链接即可看到这篇文章：www.theguardian.com/commentisfree/2015/nov/19/philosophy-poverty-drugs-kids-young-people。

第三部分：提出好问题的战略方法

当学生给出前述拒绝回答问题的反应时，教师可以选择坚持要求他回答，或选择换一个人来回答。但这两种做法其实都不可取，因为如果你坚持要求他们回答，学生可能会产生心理阴影，并在以后的提问中更不愿意回答问题，尤其是当这些学生的性格比较内向时。而如果教师选择提问其他学生，那么可能会错过让这些学生做出有价值的贡献的机会，并且教师将无从知道学生的想法，继而难以评估他们"当前的理解水平和掌握情况"。

如果教师有一个好问题——清晰、相关和可理解的问题（详见提问策略2）——那么可以简单地通过锚定主题来引导学生重新回答这个问题。例如，假设教师提出这样一个问题："猎鹰和猎豹，哪个速度更快？"提出问题之后，教师等了一会儿才提问一个女学生，但是她耸了耸肩表示不知道。教师可以简单地再问一遍这个问题："那么，哪个更快：猎鹰还是猎豹？"在这种情况下，语法层面封闭的问题会很有用（详见提问策略16），因为对于封闭式的问题，学生可以条件反射地进行回答（例如："猎豹"）。

如果这个策略取得了成功，那么要记得提出启发式问题（详见提问策略17和41），例如，"你能说说为什么猎豹更快吗"？如果这个时候学生不能提供更多的信息也没关系，我们可以在课堂稍后阶段再进行拓展。

IDEA 39

提问策略39：双重锚定和细分锚定
——帮助学生提出论据

"锚定主题在会议中非常有用，它能确保每个人都在正轨上！"（来自一线教师的建议）

教师在掌握了锚定主题的方法（详见提问策略37）后，可以尽量寻找机会来对学生进行双重锚定。所谓双重锚定，指的是教师在锚定一个全新的问题时，邀请学生看看他们的答案能否与第一个问题进行关联或对应。

· 教学小贴士 ·

利用黑板和概念图来帮助学生们跟踪讨论的想法和观点，尤其是在使用本节所讨论的更深入和更复杂的提问策略时。

· 进一步拓展 ·

采用元认知问题来进一步深化这个提问策略的运用（详见提问策略100）。例如："我们今天回答了这个问题吗？"然后要求孩子们不仅要回顾最初的问题，还要评估他们对这个问题的答案。

第三部分：提出好问题的战略方法

如果你以这个问题开启讨论，即"亨利八世是不是一个好君主"？然后迅速提出下面相关的问题（详见提问策略5），如"怎么样才算是一个好领导"？教师首先提出锚定问题来解决目前正在讨论的新问题（怎么样才算是一个好领导），然后看看学生们的答案是否有助于回答第一个整体性的问题，即"亨利八世是不是一个好君主"？有些问题与其他问题直接相关（详见提问策略4），这就意味着为了回答这个问题，你必须考虑其他问题的答案，因为它能够帮助学生们提出支持其论点的论据，也意味着有时候我们需要锚定同一个问题的不同部分，在这种情况下，**细分锚定**就可以发挥巨大的作用。

例如，如果教师提出了"你能否故意犯错"之类的问题，有些孩子只能回答问题的一部分并认为自己已经回答了所有问题，例如，"有人走过房间并故意绊倒自己"。这很显然是一个故意的行为但却不一定是一个错误（是不是错误值得商榷）。在这种情况下，我们就需要将这个问题拆分为可以进行细化锚定的不同部分：

1. 所以，在你所提供的例子中，它是一个错误吗？

2. 并且，在你的案例中，它是否是故意的行为？

然后将两个问题合并提出：

3. 所以，这是一个故意犯错的行为吗？

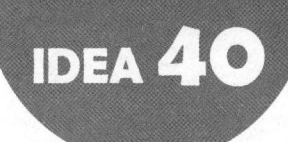

提问策略40：建立联系
——自我锚定，防止偏离主题

"X必须做的，与Y有什么关系？"（来自Tina Turner的抽象问题）

在许多情况下，当整个小组的学生在讨论过程中都偏离了既定主题时，锚定（详见提问策略37）能够有效地将学生们拉回正轨。然而，有时候锚定在结构层面无法起作用，主要原因是新的讨论没有以正确的辩证方式予以关联。

· 教学小贴士 ·

很多时候，看似需要教师采取行动（将学生们拉回正轨，提供指示或总结等）时，如果教师能够转而要求学生们来自己完成这些工作，实际上会取得更好的效果。

· 进一步拓展 ·

可以参考《文本到自我、文本到文本和文本到世界》一文来了解更多可用于建立文本、自我和世界之间联系的问题和分析方法，点击下面链接即可获取信息：https://sites. google. com/a/alaska. edu/diane-kardash/Home/making-I connections。

第三部分：提出好问题的战略方法

有一次，我给全班学生讲了德尔福的甲骨文的相关信息及其题词"了解你自己"。当时给学生们提出的问题是："你认为'了解你自己'是什么意思？"（这是一个诠释性问题——详见提问策略6）。这个问题有效地开启了讨论，孩子们真正地展开了持续性的讨论，并尝试解释这句话的意思。然而当学生提到了欺凌行为时，整个讨论就转而围绕欺凌行为展开了。讨论话题看起来与最初的问题相去甚远，而简单地锚定主题可能会导致令人不满意的效果，因为锚定可能会因为直接回到最初的问题而忽略了当前这个对学生而言非常重要的讨论（我将这个现象称为"阻碍"）。

而解决方案则给了我一个全新的策略，因为它完美地契合了两个讨论。我提出的问题是："如果你们进行的两个讨论之间可以建立联系的话，我们要如何关联这两个讨论？"这个问题不仅将学生们的讨论拉回正轨，还确保两个对话都包含在接下来的讨论中——而且不仅仅是作为一种象征性的包含，而是实际意义层面的关联。因为孩子们得到了启发，积极主动地在两个不同的讨论之间建立联系。在这种情况下，这个问题引导学生们讨论那些实施欺凌的人是否知道自己是欺凌者（了解你自己）以及在什么条件下人们会认为某个人就是一个欺凌者（了解他人）。

IDEA 41

提问策略41：关键概念
——启发式提问

"我还想要表达更多的信息！"（来自一个九岁的小女孩）

当你提出问题，尤其是封闭式问题时，请使用问题X（理念17）并提出后续的启发式问题——也就是说，让学生更多地表达他们对问题的回答。

·教学小贴士·

不要忘了提出启发式问题！根据我的观察，教师在提问的过程中最容易忽视的一个操作就是提出启发式问题，因为教师们通常的做法是：满怀希望地看着学生说："还有没有人想要说点什么？"

·进一步拓展·

有时候教师可能需要不止一次提出启发式问题（详见提问策略13），例如：

- **学生**：帮助别人并不总是好事。
- **教师**：你能说说为什么吗？（启发学生进行论证）
- **学生**：因为有的时候"残忍但正确的善意"。
- **教师**：你能不能解释一下什么叫作"残忍但正确的善意"？（启发学生进行解释或澄清）
- **学生**：当你对其他人做一些他们不喜欢但是对他们有好处的事的时候，就是残忍但正确的善意。

第三部分：提出好问题的战略方法

明确的启发式提问策略

教师以什么问题来进行启发式提问取决于学生所说的内容。下面是无具体内容的主要启发式提问需求（详见提问策略55）及相应的策略：

学生的常见回答	启发式提问策略
是的/不是。	"为什么？"（启发学生进行论证/解释/目的陈述/动机陈述——详见提问策略75）
视具体情况而定。	"那么需要取决于什么情况呢？"（启发学生阐述依赖条件）
它们不一样。	"它们哪些地方不一样/在什么情况下不一样？"（启发学生进行比较）
这是一个数位，不是一个数字。	"你所谓的数位/数字是什么意思？"（启发学生进行解释）
诗歌是一种情绪。	"可否请你再解释说明一下？"（启发学生进行更明确或具体的表述）
我不知道/我不懂。	"你为什么不知道？/你为什么不懂？"（启发学生去实现知识层面的理解——详见提问策略11）
不是所有的鸟都会飞。	"你能不能举一个不会飞的鸟儿的例子？"（启发学生进行例证）
如果情况反过来会怎么样？	"你能不能说说你认为自己的问题中最重要的是什么信息？"（启发学生强调显著性或重要性，而不是局限于相关性）

隐性的启发式提问策略

有的时候，教师们需要使用隐性的启发式提问策略，例如：

- **省略式表达**：教师可以充分运用省略式表达，让学生继续补充。例如"因为……"或"你说这不是河流的错,然后……"等。

- **提供关键词**:"你刚刚说了一些关于错误的信息,它是……"如果使用这个策略,教师要确保所使用的关键词是学生提供或提出的。

- **沉默/等待时间**:教师只需要等着学生自己开启讨论或对话即可。

- **手势/面部表情/肢体语言**:手势、眼神或其他肢体语言都可以鼓励学生继续发言。

如何启发对话

看看前文提供的案例,并思考"你为什么不知道"和"你能说说为什么你不知道吗",或"如果你不介意的话,可否说一下为什么你会说自己不知道"等表述之间的差别。还要考虑"你为什么不知道"和"你能说说为什么你不知道吗"这两个强调不同重点的问句之间的差别。

在上面的启发式提问策略中,我已经为诸位提供了基本的提问结构。但我建议在运用各个策略的时候,添加一些铺垫语,来软化基本结构的语气或强迫性(详见提问策略75),例如"你能不能……"或"你是否介意……"等表述。这么做有几个原因,首先,这些表述能够让我们的问题变得更温和、更有吸引力。其次,它们保留了学生自己决定是否回应的权利。有的时候,学生可能由于各种原因,根本无法在特定时间内表达回应或提供理由(参见提问策略53),哪怕他们已经提供了答案。

IDEA 42

提问策略42：如何就"我不知道"提出启发式问题

"如果我不知道自己不知道，那么我会认为自己知道。如果我不知道自己知道，那么我可能认为自己不知道。"（R. D. Laing）

当孩子们回答说"我不知道"，或耸耸肩以示回答时，教师们不知道接下来要怎么操作。但这样的回应代表了很多意思：它可能意味着学生不知道答案，也可能代表其他的意思。

> **· 教学小贴士 ·**
>
> 要保持开放的心态，因为学生的困惑有时候可能是因为教师的某种行为或表述（或因为教师没能做到某件事情）而导致的结果，学生的困惑并不一定是因为学生不理解或没有掌握。

> **· 进一步拓展 ·**
>
> 打造一个疑难型课堂（详见提问策略22），即一个欢迎无知和困惑的课堂。

"我不知道"还包含下面多种含义（除了"不知道答案"这一本身的意思之外）。

- 我不想在别人面前回答问题。
- 我压根儿就不想回答。
- 我不知道是因为我不知道问题是什么意思。
- 我不知道是因为我发现了一个难点。

所以教师们切记不可直接放弃，因为我们总是可以在学生说"我不知道"之后，用"你能不能说说为什么你不知道或感到困惑"这一问题来引导学生提供更多信息。

导致学生产生困惑/无知的原因一般有两种，一种是"缺席"，无论学生是在课堂上走神还是没有来上课，都会导致困惑/无知；另外一种是"存在"的困惑/无知，是孩子们在尝试去完成或理解某些信息或内容的过程中产生的。有时候，学生们的这种困惑反映的并非学生自身的问题，而是教师所教授的内容或教授的方式方面存在问题（详见提问策略22）。

在柏拉图的《对话录·美诺》篇中，苏格拉底对一个奴隶男孩提问，以此向自己的同伴美诺证明，仅通过提问进行教学是可行的。而这一小段对话提供的众多重要见解之一，就是对两种不同类型的无知进行了区分：

1. 无知而不自知；

2. 无知而自知（详见提问策略27），这种情况教师应该鼓励学生去反思为什么"他们会不知道"！

IDEA 43

提问策略43：关键概念
——"如果……"引导的问题

"当孩子们以'或许……'的句式来回答问题时，他们实际上是在以'如果……'的引导问题试探教师。"

这个核心的推理型策略利用了条件表述的形式（如果……那么……）并构成了"如果……锚定主题……开启式问答"这三合一策略的一部分。

· 教学小贴士 ·

不要将"如果……"与"假设……"的句式混为一谈，因为"如果……"句式意味着教师以学生表达的内容为基础并设置一个条件情景，而"假设……"（详见提问策略58）则意味着教师即将给出一个建议。前者是一个不涉及具体内容和情境的提问策略，而后者则需要与内容高度结合（详见提问策略55）。

· 进一步拓展 ·

阅读彼得·沃利撰写的文章《如果式提问—锚定主题—开启对话：一个封闭的、引导式提问策略》，这是我迄今为止见过关于这个提问策略论述得最全面的文章。可点击下方链接在线访问开放资源：www.academia.edu/19271298/If_it_anchor_it_open_it_up_a_closed_guided_questioning_technique。

"如果……"是教师利用学生刚刚表达的信息来测试学生对于教师所提出问题的理解的一个策略和方法。因此,如果教师提出的问题是"这是一个偶数吗"?而学生回答说"这个数字不能整除二",那么教师就可以提出一个"如果……"问题,即"如果一个数字不能整除二,那么这个数字是不是一个偶数"?在学生回答之后,教师有时候可能还需要进一步启发对话(详见提问策略41)。

通过"如果……"式提问进行推理

你可能会认为在提问中,能够锚定主题和开启对话就足够了。那么,在上面的案例中,教师可以简单地通过一个问题来锚定主题,即"因此,这是一个偶数吗"?然而,有时候学生会把这个锚定主题的问题当成是一个全新的问题,不能意识到这个问题只不过是前述问题的延伸,这种情况在年级较低的学生们身上更为普遍。而"如果……"式问题则能够帮助学生们保持在正轨上,确保学生在初步回答的基础上,能够更进一步做出推断。所以,教师通过"如果……"式问题可以要求学生描述他们在第一次回答问题时所提供的答案如何与问题进行关联。这个问题能够取得积极的效果,即引导学生进行推理论断(详见提问策略14)。

"如果……"引导事实

当教师面临一个不确定的经验问题时(详见提问策略8),可以利用"如果……"式问题来进行假设,以引导学生继续进行讨论。

IDEA 44

提问策略44：关键理念
——非此即彼的提问策略

"让我们将两个方面都进行考虑吧！"

这是"如果……"式提问的延伸，是一种非常有效的方法。运用这个方法，教师可以将学生对所考虑的整体问题的答案当成是标准答案的一个备选项进行讨论。

· 教学小贴士 ·

教师要注意学生是否针对两个问题给出了前后不一致的答案，例如，在回答第一个"如果……"问题时给了肯定的回答，但却在回答第二个问题时给了否定的回答。这两个前后不一致的答案对学生回答整体的问题有何影响？反过来又会怎么样？在学生对两个问题都进行了肯定或否定回答的情况下，又会如何？

· 进一步拓展 ·

阅读马丁·科恩这篇关于思维实验的文章：《维特根斯坦年代甲虫和其他经典的思想实验》(*Wittgenstein's Beetle and Other Classic Thought Experiments*)（2004）以及佩格·提尔特的《假设……》（2004）来了解学生们不同的理解或思维是如果运作的。这两个著作都是不错的入门介绍，而我个人大部分的书籍都展示了如何将这样的思维实验带入课堂。

Part 3: Questioning strategies

我们所倡导的基本理念是：教师要接受学生提出的所有不同答案，然后选择忽略或融合这个答案，并将它抽出来，研究一下这个不同答案的存在或缺失对学生思维情况产生了何种影响。例如，教师提出了"希腊是不是应该对特洛伊宣战"（来自《奥德赛》）这样的问题，然后有学生回答："海伦是自愿还是被迫离开希腊的呢？"教师阅读的故事或许没有具体说明海伦离开的原因，教师根本不知道她离开的原因，在这种情况下，教师就可以尝试"非此即彼"的提问策略。

在具体操作中，教师首先可以说"好吧，让我们将两个方面都进行考虑吧"，然后接着说："那么，如果海伦是自愿去的，例如如果她爱上了帕里斯，那么（锚定主题）希腊人是否应该对特洛伊人宣战呢？"等待学生的回答，继续说："如果海伦不是心甘情愿去的，例如，她是在睡着之后被绑架了，（锚定主题）那么希腊人应该对特洛伊人宣战吗？"在适当的情况下，教师要记住在"非此即彼"问题后进行跟进，运用"锚定主题和启发式问题"来了解学生对整体问题的看法和观点（详见提问策略43的"如果……"式提问）。

当学生们提出了争议性的想法或答案时，"非此即彼"的提问策略就特别有用。例如，如果有学生说："但圣诞老人/上帝不是真的！"教师就可以运用"非此即彼"提问策略。首先提问："如果圣诞老人/上帝是真的……（锚定问题）"，然后继续说："如果圣诞老人/上帝不是真的……（锚定问题）。"

IDEA 45

提问策略45：关于价值的提问
——"你认同吗？"

"关于价值的提问并不意味着仅仅质疑他人的价值观，还要对自己的价值观进行审视。"

不在课堂上使用那些带有明确的、过时的道德观念的传统故事似乎已经成为一种时尚。教师们转而经常性地使用更为复杂和模棱两可的故事，例如那些延续了《荒野之地》(Sendak, 2000)写作风格的作家们所写的故事，或传统故事的更新版本，这些故事通常会使用一套更新后的价值观来取代那些老式或老套的价值观念。

· 教学小贴士 ·

在要求学生们对价值观进行质疑时，教师要牢记秉持一个开放式的提问心态（详见提问策略18）。换句话说，不要期待或强迫学生得出教师心中所期望的"正确价值观"！

· 进一步拓展 ·

在要求学生们进行批判性思考（详见提问策略47）或做出判断（详见提问策略24）之前，教师可能需要先解决理解层面的问题，可参见提问策略6和提问策略70相关的内容。

教师不应单纯地引导孩子们抛弃传统的道德故事,而应该尝试鼓励学生们带着批判思维来阅读和理解这些传统故事。要做到这一点,教师只需要提出一个问题,即"你是否认同"?

教师可以借鉴下面的操作方法:

- 阅读全书,询问学生书中是否存在任何他们认同或不认同的内容。
- 询问学生们是否认同或不认同书中某一/某些特定观点,有时候这个观点可能来自故事中的某个角色,可能在书中直接表述出来(例如《伊索寓言》)。

在关键时刻介入并暂停讨论,例如学生们需要做出决定时或某个学生刚刚做出决定后,教师可以提问"你认为X应该做什么"或"如果你处在X的位置,你觉得自己应该做什么",或"你是否认同X的做法"或"X是不是做了正确的事情"等。因为在问题提出时,结果仍然是未知的,这就能够让孩子们接受并思考这个问题,继而推动真正的思考和调查。此外,还可以减少孩子们针对"给定信仰/价值"得出的答案。

IDEA 46

提问策略46：关键理念
——以提问促论证

"这（正式辩论）应该是每个教师都了解和掌握的方法，因此，我们为什么不能将它纳入教师培训的内容中？"（副校长所言）

"你回答了这个问题吗？"这是一个考场的经典问句。从我们刚接受教育（托儿所）开始，我们就从教师身上接触了最简单的提问，因此提问与被问也是一门被反复推敲和锤炼的艺术。教师们应该要求学生说出自己的所思所想及其背后的原因和动机，以此确保学生知道他们说出的想法对教师提出的问题能够产生何种影响。换句话说，教师要让学生们提供论据进行论证。

> ·教学小贴士·
>
> "所以/因此"以及"因为"都是可逆的操作，就像"总—分—总"结构那样。因此，论证中的陈述也可以按照逆推的顺序进行排列（事实上，在演讲中，逆推顺序非常普遍），例如：我认为每天都是圣诞节并不是一件好事（结论）。因为如果每天都过圣诞节，你很快就会厌倦它（前提）。

首先，我们要提供一点专业的定义和信息。一个**正式的论证**指的是一系列能够支撑论点的相关陈述，所做出的观点（即论证者相信的东西）也被称为**结论**，而论证者为了支撑这一结论提供的诸多陈述（即论证者为什么相信这个观点的理由和原因）也被称为**前提**。

下面我们来看一个论证的案例：

如果你每天都过圣诞节，你就会厌倦它（前提）。

所以，每天都过圣诞节并不是一件好事（结论）。

这里的"所以"这个词表明论证者认为结论是从前提出发的，且该结论与前提正确地（相关地）联系在一起是论证的主要特征。

人们（不仅仅是孩子们）经常会只表达自己的想法，而不提供任何原因或理由（例如，CO_2跟空气是一样的）——也就是说他们表达的是一种论断（即无论据的观点）。我们身为教师要养成习惯，通过提问鼓励孩子们不仅要表达自己的想法，还要表达这么想的原因。如果教师能够做到这两点，那么孩子们将能够以论证的方式既表达自己的想法又表达支撑该想法的论据，即以论证的形式提供前提和结论。

· 进一步拓展 ·

谬误的观点是表面看起来很好（因为它的结论确实也是基于前提得出的），但实际上却是错误的论证（因为看似正确的因果关系并不存在）！想了解更多关于谬误的信息，请参阅威灵顿的《论证的规则》（*A Rulebook for Arguments*）（2018）或巴吉尼的《中了彩票的鸭子》（*The Duck that Won the Lottery*）（2008）。

我们可以通过对每一个论断都提出启发式问题来尽早养成这种习惯，例如前面关于CO_2的论断，所以，我们应该：

- 准备好问题X（详见提问策略17）。
- 锚定问题（详见提问策略37），例如："所以，你认为CO_2跟空气是

第三部分：提出好问题的战略方法

> **·超值附加策略·**
>
> 真相和逻辑：一个好的论证不一定是真实的论证，理解这一点非常重要。例如：如果所有的宇航员都是袋鼠，并且所有的袋鼠都比尼罗河还长，那么所有的宇航员都比尼罗河更长。这个结论显然是很荒谬的，但如果它所有的前提都是真的，那么这个结论就会出现。下面我们举一个与字母相关的例子（因为这样更方便我们理解论证的逻辑）：如果所有的A都是K，且如果所有的K都是L，那么所有的A都是L。而"如果……"式提问是测试这些前提和推论的逻辑是否正确（或有效）的一个好办法。如果存在前述论证过程，那么教师可以接着问："那么，这是真的吗？"就上面的两个案例而言，答案显然是否定的。

一样的？"

- 提出启发式问题（详见提问策略41），例如："你能不能说说为什么？"
- 提出"如果……"式问题（详见提问策略41），锚定主题然后在必要的情况下进行启发，例如"所以，如果CO_2含在空气中，那么CO_2跟空气还是一样的吗……"或"你能不能说说这两者有什么不同的地方"？

将论证过程写出来

我的同事安迪·韦斯特有一个很好的方法，让所有学生都积极参与论证的过程。他将学生们做出的所有论证都写出来，这样孩子们就能够看到哪些前提被用于支持结论。例如，在下面这个无效论证的过程中（即结论不遵循前提的情况下），论证过程被写为：

我们都呼吸CO_2；

我们都呼吸空气；

因此，CO_2等于空气。

然后，将前提与结论进行排序：

（1）我们都呼吸CO_2；

（2）我们都呼吸空气；

（1）+（2）=因此，CO_2等于空气。

"（1）+（2）="的表述有助于表明两个前提的链接关系，也表明这两个前提是用来支持结论的。因此，教师需要提出下面的问题来引导学生进行批判性思考，即：

- 你是否认同这个推理？
- 然后精确地指出："你同意/不同意哪一部分的表述？"
- 最后，提出"为什么你这么想"来进行启发式对话。

IDEA 47

提问策略47：批判性思维的提问

"如果反例是正确的话，那么F（同班同学）肯定是错误的。"（来自一个十岁的小男生）

批判性思维并不仅仅指不同观点的分享，也不仅仅指反对他人的观点。批判性思维要求无论是反对（还是支持）都要有理有据，正确得当，即要求我们明白他人的观点为什么是这个样子的。批判性思维是评估性的，淘汰性的，并且要求我们做出判断（详见提问策略24）。

> **·教学小贴士·**
>
> 要进行批判性思维，我们就要时刻关联想法并提出针对性的见解，并且使用论断性的表述（详见提问策略24），例如："你认为那是正确/真实/可接受的吗？"

思考下面针对"人们应该互相帮助吗"这一问题的不同回答：

A：我认为人们应该互相帮助。

B：我不同意，我不认为人们应该互相帮助。

目前看来，这还不是一个批判性思维的例子，只是A和B分享了两种不同的意见，尽管B表达了自己的不认同。你或许会认为原因是二者的表述中缺乏了论证的过程。当然,二者的回答都需要进一步的启发和拓展(详见提问策略24和41),例如:"你能不能说说为什么你认为人们应该互相帮助?"

因此,在对二者的表述进行启发和拓展后,我们可能得到下面的回答:

A:我认为人们应该互相帮助,因为互相帮助是一件好事。

B:我不同意,我不认为人们应该互相帮助,因为这样一来他们就可以做他们想做的事。

虽然我们现在有了两个不同的论点(详见提问策略24),如果我们非要认为这是批判性思维的话,那么它也只存在于一种微弱的意义上。这是因为B提出的不认同并没有指向A所述观点或认为A的观点可能存在错误,它只是单纯地表述了与B不同的观点。因此,教师在这种情况下,需要考虑提出针对性的问题,例如:"你能不能说说A的观点中,你具体不同意什么?"

· 进一步拓展 ·

为了继续批判性地参与这个案例的讨论,教师可以将二者的答案做一个关联,例如要求A来回应B给出的答案(在这里可以运用提问策略19的"立即回应"策略)。所以,A可以说:"虽然有的时候残忍也是一种善良,但这并不意味着互相帮助就是一件坏事。"或教师可以要求全班学生参与讨论应该如何回应B的答案。教师可以运用类似"关于A和B的讨论,大家有没有什么想法想要分享一下"(详见提问策略83)或教师可以直截了当地提出针对性问题,如:"B的案例是否意味着这是错误的?(指向黑板上写下的A的最初观点),即我认为人们应该互相帮助,因为互相帮助是一件好事。"

第三部分：提出好问题的战略方法

> **· 超值附加策略 ·**
>
> 这个概念源自我的一篇论文，题为《不和谐：P4/wC中的不认同和批判性思维》，2018年国际儿童哲学研究理事会出版。点击下面链接即可获取开放资源：www.academia.edu/37155619/Dissonance_Disagreement_and_Critical_Thinking_in_P4_wC_1(open access)。

然后B可能会给出类似下面的回答：

B：只是因为互相帮助是一件好事，并不意味着我们总是要互相帮助。

现在，这个回答可以算作一个批判性思维的成果，不仅仅因为B对A所说的内容采取了批判性的立场，更因为B站在一种批判性的角度，或采用了一种批判性思维的结构。在这个案例中，B对已经提出的推理进行了挑战（详见提问策略24）：他们认为，我们不能因为互相帮助是一件好事就默认我们总是应该互相帮助。

然而，B仍然未提供任何理由来论证自己的观点，所以，教师应该抓住机会进一步启发更多内容：

教师：谢谢！你能说说为什么"我们不能因为互相帮助是一件好事就认为我们总是应该互相帮助"吗？（启发式提问）

B：因为有时候你必须做个坏人，不能帮助某人，就像是"残忍的善意"。

或许教师需要在这里提出更多的启发式问题，可以提示学生举例论证其观点（详见提问策略41），例如："你能不能举个例子呢？"

B：有一次，我妈妈把我吼哭了，但是她这么做是为了让我不要被车撞倒。

IDEA 48

提问策略48：描述性教学
——肯定学生已取得的成绩

"你要怎么样教会一只鸟去飞？"

与其告诉孩子们他们应该做他们本该做但是却没做的事情，不如亲自示范他们到底应该怎么做。

> **·教学小贴士·**
>
> 在学生们做出或说出那些教师们期待他们在未来能够学会或掌握的东西时，教师要能够第一时间观察到，而且一定要记得做好记录！

> **·进一步拓展·**
>
> 在教授孩子们某项技能或内容之后，请他们自己来观察同伴们是否做了该事。有的时候，我们需要为孩子们提供一些提示。

有时候，我们可以用描述性的方式讲授一些东西（即孩子们已经做到了什么事情），虽然大多数时候还是选择了用规定性的方式来教授（即孩子们应该去完成什么事情）。推理和推理技巧，提问和正式论证的技巧等（详见提问策略46）都是比较经典的案例。要做到描述性教学，我们需要遵循下面四个建议。

第三部分：提出好问题的战略方法

1. 仔细聆听

注意聆听孩子们是否使用了你希望他们掌握的信息或内容，充分利用反例的作用，教师可能要求孩子们给出一些会成长的东西的案例：

学生A：所有的树木都会生长。

学生B：死掉的树木不会生长（有时候，这样的反例就可以成为很好的示范）。

2. 引诱学生自主提供反例

例如我们需要学生提供反例，教师可以问："如果有人说，'所有的鸟都会飞'，你会怎么回应？"如果一个七岁的孩子不能够提供一个反面例子的话，我会感到很吃惊的。学生可能会立马给出一个反例说"企鹅"！

3. 提供可供使用的资源库

在收集例子并向孩子们介绍这些案例时，可以设计一个"思考墙"，学生可以从中选择思维工具或问题（详见提问策略99）。

4. 提问

让学生养成检索或查询教师所提供的相关资源库的习惯。例如，如果一个学生给出了一个一般性的主张（详见提问策略51），那么教师可以说："哈，有人给出了一个一般性主张。大家看看我们的思维墙上有没有什么可以用来研究一般性主张的工具呀？"

IDEA 49

提问策略49：成长型思维模式
——相信学生一定可以

"成长型心态总结成一句简短的表述就是：'孩子们一定可以。'"（卡罗尔·德韦克，《泰晤士报教育副刊》2016年6月26日）

成长型思维模式是卡罗尔·德韦克（Carol Dweck）提出的一种思维模式概念。这种思维模式是一种思考、评论和提问的方式，强调人们对自身和学习方法的变化和可控方面的关注。这种思维模式可以刺激学生自身和自我决定，促进个人的发展和进步。

·教学小贴士·

正如德韦克本人所说的那样，促进成长型思维不仅仅是张贴海报就完事了，而是需要在日常的课堂练习的原则中得到体现，从注意观察自己是否存在任何固定型思维模式的迹象着手是个不错的起点！

·进一步拓展·

请参阅提问策略100的元认知提问策略，并了解元认知策略的相关研究。点击下面链接即可获取更多信息：https://educationendowmentfoundation.org.uk/tools/guidance-reports/metacognition-and-self-regulated-learning。

第三部分：提出好问题的战略方法

有时候，成长型思维模式会被误解为强调不存在天才这样的观点。成长型思维模式并不否认有些人具备天生的才能，但通过仔细的表述和论证，这个思维模式能够让人们改变心态，将那些我们过去认为自己无能为力的事情转变为相信我们有能力做出改变（例如，通过努力和策略等）。

它与古老的斯多葛主义哲学（恬然寡淡主义）相当（虽然不完全相同），其核心要义在著名的宁静祷告中得到完美的体现：

上帝赐予我平静，

接受我无法改变的事物，

勇于改变那些我可以改变的事物，

并能够智慧地区分二者的差异。

（Reinhold Niebuhr）

网上有很多问题可以用来促进成长型思维模式，然而，他们中的许多人歪曲了成长型思维模式的真实要义，甚至有人给出了过于简单的论断，例如：只要你付出努力与心血，你就可以做到任何事情！如果我们想要实施成长型思维模式，我们就需要花时间去真正地了解它，就像我们花时间去真正了解其他事物那样。正如德韦克所说的那样，成长型思维模式不是一个简单的理论。

我们有很多方法可以培养成长型思维模式，但很多提问的建议或策略都汇总为下面这个简单的问题：“你可以采取哪些行动或策略来实现推动或改进？"

IDEA 50

提问策略50：苏格拉底式提问策略
——引导学生自主找到答案

"好好观察，美诺，看看我是如何通过提问来实现教育目标的。"（苏格拉底）

在教育方面存在的一个误解是，"教育"一词的词根"educare"实际上意味着"从……抽取"而不是"将……塞进去"，这有时也被用来说明教育行业多年以来的偏离。

·教学小贴士·

在教学过程中或当孩子们提出问题时，教师可以提出的辅助或促进问题有：

· 我是否可以通过提问，让孩子们自己学会相关内容或自己回答他们提出的问题？

· 我是否可以通过提问，让孩子们能够从既有知识中获取全新的理解？

·进一步拓展·

尝试只用提问的形式来教授某个具体内容，看看能够取得多好的效果。要留意在什么情况下"只用提问的形式"是失败的（如果的确是失败了），也要注意在什么情况下我们要采用提问形式之外的教学手段或方法（例如在教授全新知识的时候）。

第三部分：提出好问题的战略方法

尽管拉丁语的"教育"（educare）一词指的是塑造或铸就，但我们在本节最前面所述的误解是真实存在的。将教育视为"汲取"的概念可以追溯到古希腊哲学家苏格拉底，或更具体地说，可以追溯到柏拉图的《对话录·美诺》篇。在这个对话中，苏格拉底试图向与他对话的美诺展示，学习实际上是对过去生活中已经掌握知识的回顾。尽管我们不一定认同苏格拉底过去对教育的理解，但推理和论证的能力是教师无须明确教授，学生也能够在生活中发展起来的能力，即从某种意义上说，我们人类天生具备这样的能力。在《对话录·美诺》篇的对话中，苏格拉底试图仅通过提问来教导一个奴隶男孩解决苏格拉底在沙子上画出的一个几何问题，来证明他的观点，即只使用问题，我们一样可以实现教育的目标。而且，那个奴隶男孩最终解答了几何问题。

《对话录·美诺》篇这个对话提供了如下一些重要的见解：

- 通过提问进行教学的价值。

- 通过提问对既有知识的掌握来传授全新的知识。

- 无知/知识的不同类型：（1）自以为知，但实际无知；（2）无知，且自知无知；（3）知其然，而不知其所以然；（4）知其然，且知其所以然。

- 感到迷惘的重要性，或被希腊人称为"窘境"的重要性（详见提问策略22）。

IDEA 51

提问策略51：通用型表述
——拒绝模糊不清的表述

"所有的一切都是相关的，除了那个！"（来自一个十几岁的男孩）

一个至关重要的提问工具就是教师如何使用副词（如"从不""总是"等）或限定词（如"全部""没有"等）。

·教学小贴士·

在使用通用型表述进行提问时，保持开放型的提问心态至关重要（详见提问策略18），即教师不可引导学生，但可以通过提问，鼓励他们自己发现问题或观点抑或总结自己想要表达什么。

·进一步拓展·

可以阅读Peter Worley在《教学哲学杂志》上发表的《阿里阿德涅的线团：教师的存在与缺席在促进哲学对话中的作用》3，（2）(*Ariadne's Clew: absence and presence in the facilitation of philosophical conversations*)（2016a）了解更多相关内容（文章为开放资源）。

有时候，通用型/一般性观点并不明确，因此往往是隐含的或含混不清的。例如，当教师要求举例说明会生长的事物时，有学生回答说"树木生长"。我们尚不清楚这是不是一个普遍性的观点（如"所有的树木都会生长"）。

假设有一个学生说"它是一只鸟,所以能够飞翔",我们很容易会认定这个观点——如果表述完整的话——就是一个通用型观点(下面括号中的文字代表推断信息,是孩子们没有明确说明的信息):

它是一只鸟

(所有的鸟都会飞)

所以(因此)它也会飞。

然而,尽管我们在进行前述的推理时具备逻辑层面的合理性(即学生所说的答案的确包含了"所有的鸟都会飞"这个隐含的逻辑),但我们无法从心理层面证明其合理性,因为这可能没有准确地反映出学生的真实意图(在这里让我们回顾一下《爱丽丝梦游仙境》第五章中的对话:"这是不是意味着你的意思跟你所说的话是一样的"),因为很有可能学生的话想要表达的是:

它是一只鸟

(大部分鸟都会飞)

所以(因此),它(很可能)也会飞。

在这里,教师不应直接说"所以,你认为所有的鸟都会飞"来猜测学生的意图,而是可以通过提问,让学生自己明确自己想要表达什么,例如教师可以提问:"当你在说'它是一只鸟所以它会飞'的时候,你认为所有、一部分还是大部分的鸟会飞?"

IDEA 52

提问策略52：善用情态动词

"我认为很有可能，这只是有可能。"（来自一个九岁的男孩）

就通用型表述而言，教师可以充分使用大量的情态动词来帮助提问（如必须/不能，可能/不可，应该/不应该，可能/或许/有可能，绝对/绝对不行，等等）。

· 教学小贴士 ·

教师可以针对年纪较小的学生使用手势语言来辅助表述，例如竖起大拇指表示"绝对可行"，而大拇指朝下则意味着"绝对不行"，大拇指横放则意味着"可能"（详见提问策略89）。

· 进一步拓展 ·

情态动词有助于练习推理思维，例如："如果史密斯先生有一个自行车头盔，那意味着他今天必须骑自行车去学校，或他今天肯定没有骑自行车去学校或他今天有没有可能骑自行车了？"

有时候，孩子们在表达观点时没有说明所陈述观点的语气或形态，在这种情况下，教师可以通过要求他们提供情态动词来为他们的再度表述提供一些结构性的指导，例如，"那么，你认为这必须是熊的帽子？必须不是熊的帽子？还是有可能是熊的帽子"？

但是要注意，这些情态词汇的表述与强调道德必要性的表述存在细微的差别，如"你必须退还钱，因为这是正确的做法"。

我的同事史蒂夫·霍金斯通过简单的问题，帮助低年级学生开发了情态动词思维能力并设计了很多有趣且高效的活动。他会拿出白板，画一个简单的物体，如一辆自行车，在一步一步绘画的过程中，他会在每个阶段都暂停一下，提问学生他们认为老师画的是什么。并且要求学生们用情态动词进行回答，例如，"这绝对是一座山吗？绝对不是一座山吗？或有可能是一座山"？同时，他还使用了我们在教学小贴士部分描述的手势语言。随着绘画的进展和线条的增加，学生们的表述也变得越来越清晰和绝对。

IDEA 53

提问策略53：区分答案和理由

"如果没有很好的理由，这就不是一个好答案。"（来自一个十岁的女孩）

如果有人问你："你喜欢覆盆子果酱吗？"你很可能很快用"喜欢或不喜欢"来回答这个问题。但如果他们问你："为什么？"这个问题可能就没这么好回答了。你可能犹豫很久之后，说"因为……我就是喜欢"。低年级的学生，尤其是年幼的孩子们，可能会能够提供非常直观的回答，例如"喜欢"或"不喜欢"抑或"我不知道"，但他们可能很难告诉你为什么。因此，区分答案和理由是很重要的。

·教学小贴士·

对于那些存在表述困难的低年级学生来说，教师使用一些封闭式的问题来引导他们给出直观反应的回答，好过提出一些学生完全答不上来的开放式的问题。

·进一步拓展·

可参阅提问策略17的问题X的相关信息。

第三部分：提出好问题的战略方法

将问题答案的条件反射部分内容（例如"是/否/取决于/可能/我不知道"，等等）与答案的其他内容区分开来很有必要。因为后半部分内容通常会以"因为……"开头。我们有时候并不能立马意识到我们为什么会产生某种特定的想法，并且可能需要更多时间来表达我们提供某个答案的具体原因，因此教师们需要提供时间和机会让学生来表述提供答案的理由。教师们可以采用下面的策略来鼓励学生完成这个思维组织的过程：

- **启发思维**

很多学生无须教师的提示也能够自主启发思维，完成理由的表述，例如，"我觉得哪怕身处监狱，你一样可以获得自由，因为自由在于心灵而不在肉体"。但对于那些没办法自主提供理由论述的学生，教师可以通过提问进行思维启发，如"你能说说为什么这么想吗"？或采用其他适当的思维启发策略（详见提问策略41）。

- **给学生更多的反应时间**

提醒学生们问题是什么，然后耐心等候，有时候教师可以选择坐下来，以减轻学生的心理压力。

- **暂时搁置并稍后提问**

教师可以要求学生们继续讨论，并让学生们在准备好思路之后，举手示意再回答。有时候，这种将学生所说的内容与后来的回答进行关联的做法能够取得很好的效果。

- **允许学生进行更多的讨论**

教师可以在讨论时间"盯住"某几个学生，看看不同的讨论能否提供新的信息或观点。

提问策略54：布鲁姆目标分类法

"我经常看到这个分类法图表，但是我不知道要怎么利用它。"

任何关于提问策略的书都会包含布鲁姆目标分类法，但这些书不一定会告诉你这个分类法的具体操作和使用方法。

> · 教学小贴士 ·
>
> 采用这个方法，整个教学大纲都可以围绕提问展开。

修订后的分类法（Anderson和Krathwohl，2001）是下面这个样子：

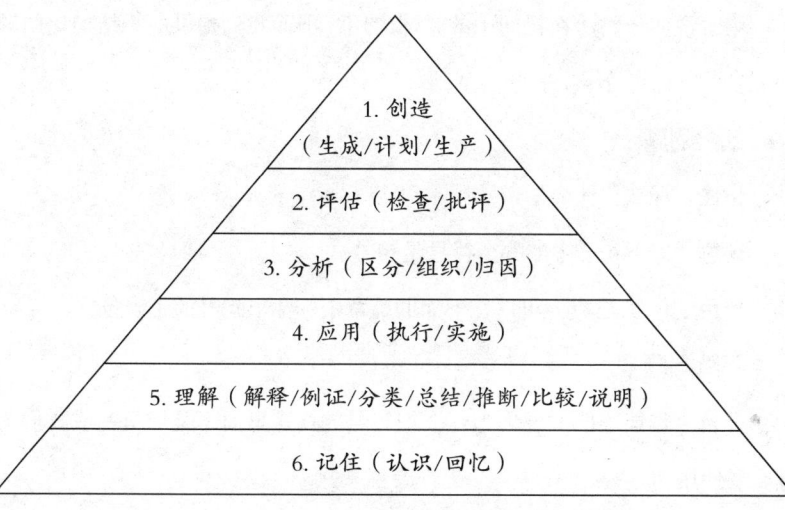

第三部分：提出好问题的战略方法

这个修订后的版本将知识贯穿了6个层级的分类，并确定了四个不同的知识领域，即：

- 事实性知识，如："什么是太阳系？"
- 概念性知识，如："数字和数位之间有什么区别？"
- 程序性知识，如："长除法要怎么计算？"
- 元认知知识，如"我的答案是否符合我的（概念）估计？如果不符合，那么要么是我的（概念）理解出了错，要么是我的计算过程（程序性理解）存在问题"（注：元认知知识本身还可以分解为更多不同的类型，详见提问策略100）。

·进一步拓展·

此外还可参见Gallagher和Ascher的质疑分类法（1963）和斯特恩伯格模型（The Sternberg Model）（1997和2008）的相关信息。

为了说明分类法在提问中的具体应用，下面我们提供一个结构化问题的列表，以标点符号的教学为基础。

低阶问题：

记住：那么，什么是句号？

理解：以下句子中的哪个符号是句号？

应用：你/有没有人可以在下面的篇章中标注出句号的正确位置？

高阶问题：

分析：你能不能说说你为什么把句号放在这里而不是那里？或我们为什么要使用句号？

评价：你是否同意X同学标注句号的地方？为什么不同意？或你认为她的句号使用正确吗？

创造：你能不能想到一个可以作为案例的句子，在这个句子中，删除或插入逗号会改变整个句子的含义？

IDEA 55

提问策略55：思维内容和课程内容

"不过，老师你是怎么想的呢？"

我在本书中大量地使用了"无具体内容的提问策略"，例如"如果……"式提问，锚定主题的提问和启发式提问，其中提问完全是从促进教学的角度来使用，扮演了结构性的角色。然而，这些策略自身也包含了内容，即来自问题自身的内容（不管是来自哪里）和来自学生的内容（"如果你刚才说了……"等问题的内容均由学生提供）。那么，教师是不是永远都不应该在问题中提供内容呢？

> **· 教学小贴士 ·**
>
> 如果教师被要求提供自己的观点或想法，或应学生要求判断某答案是否合适（这往往与课堂准备情况有关，即课堂是否准备好让教师以一个完整的参与者和一个平等的学习者的身份参与），在这种情况下，教师需要以适当的方式回答学生的问题，并且能够鼓励学生跟你一起进行批判性的探讨或思考。

教师当然应该提供内容！但是，了解思维内容和课程内容这两个概念的定义和区别非常有用。

思维内容指的是发言人自身拥有的实质性内容，在讨论中发挥着推动

> **·进一步拓展·**
>
> 参见Worley的"西贝柳斯模式（Sibelius Mode）"，通过基于探究的教学方法来帮助提供课程内容。点击下方链接即可获取资源：www.academia.edu/36758580/What_can_university_philosophy_learn_from_primary_philosophy。

和促进讨论的作用，通常以"我认为……"（或类似的表述）开头，提供此类内容的人将被视为讨论的"参与者"。参与者通常是学生，但有时候教师也可以扮演参与者的角色。

课程内容指的是教师需要在课堂授课过程中提供的内容，教师并不拥有这些内容。事实上，这些课程内容有时候甚至与教师自己的思维不一致。但很显然，我们都期待教师在课堂上成为这些内容的发言人，并且作为教育者，需要关注这些内容的传递方式和效果。

所以，当我建议教师们在课堂讨论中使用"无具体内容的提问策略"和教师的隐性存在提问策略（详见提问策略34）时，我并不建议教师们完全不提供任何内容，而是：

- 明确思维内容和课程内容之间的区别；
- 注意并监督教师作为参与者所扮演的角色。

IDEA 56

提问策略56：通过提问征求不同见解

"冲突与合理性的共存往往会导致争议。"（Steven Campbell-Harris）

当你希望学生们能够发现争议（详见提问策略26）或批判性地讨论一个问题时，我们需要从多样性开始（详见提问策略60）并引导学生发表基于辩证原则的异议（认知层面）。

·教学小贴士·

为了鼓励学生的所有权（详见提问策略32）和责任感（详见提问策略23），教师要向学生表示，他们必须基于良好的推理，来决定答案到底是正确还是错误的，无论是针对自己的答案还是同学提供的答案。

·进一步拓展·

想要了解更多关于异议和争议的信息，请参阅请参阅Steven Campbell-Harris撰写的文章《如何在课堂上教授争议》（*How to teach controversy in the classroom*）（2017）。点击下面链接即可获取资源：http://www.innovatemyschool.com/ideas/ too-close-home-how-to-handle-dispute-in-the-classroom。

1. 首先提出一个语法层面封闭但概念层面开放（详见提问策略16）的研究性问题（详见提问策略3），例如，"亨利八世是不是一个好君主"？

2. 将问题写到黑板上。

3. 留出一段"思考时间"，让学生们自己花点时间默默思考这个问题。这能够鼓励学生进行内心的对话（详见提问策略66）。

4. 现在允许学生们进行发言：给学生2分钟的时间让他们与旁边的同学讨论问题（详见提问策略62了解更多相关信息）。

5. 举起手臂提示学生讨论时间结束。

6. 再次提出问题，请学生们给出直观的反应（参见提问策略53）。

7. 回应学生的答案，某些时候可以使用一些激发学生回应的表述（详见提问策略83），例如肯定的表述、否定的表述或其他类型的表述（因为答案可以是肯定、否定或既不肯定也不否定或一个问题等）。参见提问策略65相关信息，了解如何做出一致的回答。

8. 回到讨论时段，现在学生们有机会听到不同的声音和看似合理但存在冲突的声音，因此他们需要探讨更多相关的话题直到问题得以解决。

IDEA 57

提问策略57：关键理念
——以4R为目标的提问

"我们有想法是远远不够的，我们需要再三思考才行。"（Charles Desforge在INSET上的演讲）

4R原则最初被设计用于帮助概述哲学实践，但在教学、学习，尤其是提问方面的巨大作用，值得本书详细阐述。

> **·教学小贴士·**
>
> 我们很容易将4R当成提问的不同阶段，但我个人建议将它们当成提问的组成部分或不同方面。实际上，这意味着它们不会按照特定顺序一个一个地出现。

4R指的是：

回应（Response）

当教师提出一个问题时，请允许学生随意做出答复。首先，为学生设定一个短暂的安静的思考时间，让他们整理自己的回答。其次，允许学生彼此回答对方的问题：首先为他们分配一个讨论的伙伴（提问策略62），其次让他们面对全班学生进行回答。

反思（Reflect）

通常情况下，在学生开始回答时，反思就开始了。反思包括以下问题：

- 这个问题是什么意思？
- 这个问题问什么？
- 什么是X？X是什么意思？其他人在说X的时候是什么意思？（详见提问策略10）
- 这是正确的问题吗？
- 为了回答这个问题，还需要提出更多的问题吗？（详见提问策略4）

推理（Reason）

推理的相关表述通常遵循下面的结构：

- 我想……因为……
- 如果……那么……
- 仅仅因为……并不意味着……
- 我不同意/同意F，因为……

· 进一步拓展 ·

使用这个提问策略中的建议，基于上述结构创建提问和教学的模板。可参考提问策略66的相关信息（内心的谈话）。

· 超值附加策略 ·

阅读笛卡尔的《第一次冥想》（独自一人的对话）或柏拉图的对话录的相关信息（两个文章的篇幅都很短），了解4R的具体操作。

在推理过程中,我们可以使用任务式提问或探索性提问(详见提问策略2和3),充分利用问题X等提问策略(详见提问策略17)及相关的辩证策略,如:"如果……"式提问,锚定主题提问和启发式提问等(详见提问策略43)。

重新评估(Re-eveluate)

这是一个"提问型课堂"的核心价值——学生不仅仅需要思考,还要根据新的想法和信息进行再三思考(详见提问策略23的"敏感性"相关内容)。为了鼓励学生进行再度思考,教师可以提问:

- 你现在有什么想法?
- 有没有人改变了自己的看法?
- 你如何回应F所说的话?
- 你现在要怎么回答这个问题?

IDEA 58

提问策略58：魔鬼代言人
——假如式提问策略

"对魔鬼的同情。"（来自滚石乐队）

我个人建议不要在本书的其他地方使用魔鬼代言人的相关操作（详见提问策略65），但这并不意味着我们就应该完全摒弃这个能够让我们对想法或主张提出异议的核心辩证方法。

> **·教学小贴士·**
>
> 在使用假如式提问策略时，要注意"但是……"这种转折性表述的使用，因为我们需要在避免出现但是转折的情况下使用假如式提问策略（详见提问策略80）。

> **·进一步拓展·**
>
> Philosothon是Matthew Wills在澳大利亚开始的一项运动，它将辩论比赛与哲学探究相结合。点击链接了解更多相关信息：https://philosothon.net/。

魔鬼代言人是课堂讨论中常见的"教学策略"之一，所以我会建议教师将这一操作作为一个教学手段使用。如果教师想要使用这个策略，一定要小心谨慎。如果教师完全依赖这个教学手段，那么就可能面临要把学生

第三部分：提出好问题的战略方法

> **·超值附加策略·**
>
> 中世纪的哲学家和神学家进行了被称为争议的竞争性辩证交流，双方就某个想法（问题或陈述）进行辩论，使用他们已知的所有修辞手段以获取辩论的胜利。想要了解关于修辞艺术、中世纪争议和正式辩论的更多信息，不如自己在课堂上引导学生进行辩论实践（详见提问策略33）。

的思考工作都做完的风险（详见提问策略65）。

相反，教师可以亲自示范如何操作并以公开透明的方式进行实践，如果教师利用魔鬼代言人的策略来激励自己，那么可以告诉学生们自己正在做什么，以及接下来要做什么，并且将这个策略添加到班级的"思考/策略墙"上（详见提问策略99），使其变成学生们可以利用的一个工具。然后，在适当的时候，再给学生布置可以使用这个策略的教学任务。

我们可以将魔鬼代言人策略称为"假如式提问策略"，因为这个策略通常包含"但假如……"这样的表述。但是，不要将这个策略与"如果……"提问策略混为一谈（详见提问策略43），二者之间主要的区别在于内容。如果式提问策略从教师的角度来看，是与具体内容无关的（因为教师利用学生已经表述过的内容，进行如果式提问以鼓励学生进行推理论证），但假设式提问策略（魔鬼代言人）则引入了思维相关的内容，因为提问者介绍了之前讨论没有涉及的全新想法、情景或观点。

IDEA 59

提问策略59：构建理解之网

"哇哦！"（八岁的洛斯卡在十岁的诺亚谈论反对的事情时做出的回应）

有时候，孩子们会说出一些让别人感到困惑或迷茫的惊人之语。那如果学生们说了一些深刻、复杂或难以理解的东西，身为教师的你要怎么回应呢？

· 进一步拓展 ·

我们可以将这个策略调整后用来让孩子们相互解释教师在课堂上教授过的一些困难的概念或想法。教师可以将已经理解了相关概念的学生（A组学生）和尚未理解的学生（B组学生）进行匹配，并要求A组学生向B组学生进行解释。在B组学生理解之后，他们可以转而向其他学生进行解释，但教师需要首先确认B组学生是否真正理解和掌握了相关概念和想法。

· 超值附加策略 ·

可以查看新加坡的数学教学方法，点击下面链接：
https://en.wikipedia.org/wiki/Singapore_math。
或点击链接：https://www.tes.com/teaching-resources/blog/teaching-mastery-what-mastery。
构建理之网可以更好地理解所教授和使用的概念。

第三部分：提出好问题的战略方法

这是一个被称为构建理解之网的提问策略和流程，它有助于加深学生对课堂内复杂思想的理解，同时最大限度地减少教师介入的需求。

■ 当学生（F）表达了一些复杂的信息时，教师可以首先问班上是否有人认为自己理解了F所说的内容，并请他们说一说自己对F所说内容的理解，请他们用自己的语言进行描述和表达。

■ 提问学生F，他/她想要表达的信息是什么？

■ 再询问班上学生，谁认为自己理解了F所表达的信息，请他们用自己的语言说出来。

■ 然后，再次请F判断前述学生的表达是否正确，必要时教师可以予以纠正或澄清。

仅在必要情况下——并且只有在绝对必要的情况下，才能够对F所说的话进行澄清或纠正。教师要牢记，使用这个策略的目标是尽可能减少和降低自己的存在感和介入，因此如果教师的确需要代表某个学生进行解释，请以"如果我理解错误，请及时纠正我，你刚刚想说的是不是……"等表述作为开场白。

提问策略60：设置多样性任务

"我要说四件事情。"（十岁的山姆说）

有时候，教师希望学生能够提供一个具体的答案（例如"绕地球运行的行星体是什么"），但很多时候，为了进行讨论，教师需要学生提供多样化的答案，即一系列不同的回答。

· 教学小贴士 ·

教师应该尽可能少使用前文提及的"魔鬼代言人"提问策略（详见提问策略58），且不要养成依赖这个策略的习惯。

· 进一步拓展 ·

提问策略56（提问以征求异议）和提问策略65（想象中的不同见解者）将为我们提供更多不同的角度和策略。

有时候，切换为一个更开放的提问心态就足以从孩子们那里获得更多的探讨模式和不同的答案。但是，教师明确发出此类信号有时候能够更好地鼓励学生。

其中一种方法就是明确要求孩子们进一步探讨更多可能的答案。例如，

第三部分：提出好问题的战略方法

教师使用下面的内容来激发学生们关于数字性质的探讨和研究：

　　任务问题：这里有多少个数字？

　　2　2

　　2　2

　　（摘自Crown House Publishing出版的 The Philosophy Shop；Worley，2012）。

　　这种方法可能导致的一个问题是，所有的孩子给出的答案都是"四个"。缺乏多样性的答案将阻碍任何进一步的讨论。因此教师应该设置可以驱动学生给出多样性答案的"任务"，例如："关于这个问题，你能够找到多少个不同的答案？"通过这个方法，教师最好延迟启发式问题提出的时间（详见提问策略41），将其放在设置多样性答案的任务之后，也就是说，仅在学生自己没能开启思维的情况下提出！

　　另外一种情况是，实际上学生的答案中已经体现了多样性，但是教师没有听到或没有意识到。所以，如果学生在回答类似前面的问题时，提出了几个相同或类似的答案之后，教师可以简单地提问："有没有人的答案与我们刚才听到的不一样？"（详见提问策略83和85，以及提问策略65了解更多信息）

IDEA 61

提问策略61：受欢迎和不受欢迎的预设前提

"设想有时候可能是危险的，但我们也离不开它们。"

思考一下这个问题："为什么吃动物是可以接受的？"这个问题已经预设了一个前提，即吃动物是可以接受的。很多人可能会将其视为一个不受欢迎的预设前提，因为它可能会导致抵触或排斥情绪。

· 教学小贴士 ·

教师还可以使用类似"所以，让我们想象……"或"让我们假设……"等表述或使用"如果……"式提问策略（详见提问策略43）来引入预设前提。

· 进一步拓展 ·

深入阅读批判性思维相关的书籍，例如Nigel Warburton的《A到Z的思考模式》（2007）。而且教师们完全可以尝试教授与预设前提相关的信息并让学生们学会如何辨识预先设定的前提。

一般情况下，我们需要避免不受欢迎的预设前提。如果教师认为某种预设前提是学生们应该接受的，那么教师应避免任何可能挑战此类预设前提的尝试，在这种情况，教师应该采用封闭的提问心态（详见提问

第三部分：提出好问题的战略方法

策略18）。

预设前提并不总是糟糕的，有时我们必须要给出一些预设的前提。有时候，如在二分法（详见提问策略9）中，这些预设前提可以作为开启讨论的有效方式。因此是否使用预设前提，及其性质的好坏，取决于我们在使用它们时的正确心态和目标。

首先，教师需要注意自己的问题中是否包含了预设前提，如果问题中的确包含预设前提，那么教师需要确保自己这么做有足够充分的理由。例如，教师提出的问题是"我们为什么要保持礼貌"？其中包含的预设前提是我们应该时刻保持礼貌。这个预设前提可能是一种受欢迎或不受欢迎的假设，如果孩子们说"我们不应该总是保持礼貌"，而教师回应说："我们当然应该时刻保持礼貌！现在，有没有人可以说说为什么？"那么这就是一个不受欢迎的假设，因为教师不希望任何人挑战这个预设的前提。但是，如果老师说："有意思！你能不能举个例子说明什么时候我们不应该保持礼貌？"那么它可能就会变成一个受欢迎的预设前提，并最终会引导学生发现一个全新的假设。

IDEA 62

提问策略62：一对一交流和小组讨论

"不是我干的！是他对我讲话的！"（一个非正式的讨论小伙伴）

你肯定听说过"思考—分组—分享"这一教学策略。在这个策略中，教师希望学生们可以（1）独立思考；（2）与身边的同学交流，然后（3）与全班同学分享自己的答案。这是一个很好的基本教学策略，但这个策略的不同设计和应用也值得我们去尝试。下面是五个应用建议。

· 教学小贴士 ·

快速便捷的调整！如果（并且仅当）学生们进行一对一的对话时，让学生们改变对话伙伴的一个简单方法就是要求其中一个学生选择一个新的对话伙伴，这样每个学生都能够找到一个全新的对话伙伴。

· 进一步拓展 ·

《59个卡根结构》（*59 Kagan Structures*）（Kagan et al, 2015）值得一读，因为本书的提问策略1、2和3均衍生自这本颇具价值的著作。

1. 学生A和学生B：给每个小组的学生分别定义为学生A和学生B。要求学生A先说，学生B后说，并要求学生在对方讲话时认真听讲。

2. 仔细聆听的学生A和学生B：为确保小组中的学生们仔细聆听对方的话语，要求他们不仅要分享自己的想法，还要分享小组伙伴的想法（如有必要，可以允许他们的搭档纠正或评判相关的转述）。在此过程中，教师要牢记公开透明原则（详见提问策略32），即预先提示和警告学生！

3. 设置时间限制：为每一轮的讨论设置时间限制（例如学生A说30秒然后学生B说30秒），可以使用"煮蛋计时器"应用或其他的软件进行倒计时。

4. 思考、分组、发言、分享：在这个操作步骤中，要求学生（1）独立思考；（2）与搭档对话；（3）转向三人一组或一人一组的小组进行发言（如果希望增加一些额外的操作步骤，教师可以先要求他们对着三人一组的小组进行发言，然后再对着四人一组的小组进行发言）；然后（4）对着全班学生进行分享（可参见提问策略97，了解如何对问题进行四分法）。

5. 三人一组的聆听（Zwozdiak-Myers，2012）：与其将学生分成两人一组，教师可以将学生分为三人一组，并指定为学生A、B、C。当小组中的两个学生进行对话时（即学生A和学生B），学生C需要批判性聆听。教师可以提问学生C："你更认同哪位同学的意见，A同学还是B同学？"或："你认为哪位同学回答了老师提出的问题/更有效地解决了任务？A同学还是B同学？"（详见提问策略92了解苏格拉底式小组对话）

IDEA 63

提问策略63：虚虚实实/实实虚虚
——将抽象具体化

"进入、抽离；进入、抽离；融合起来！"

虚虚实实（Hokey Kokey）策略是一个以儿童歌曲命名的苏格拉底式提问策略，有助于学生在具体和抽象的概念和信息间交互理解，也便于教师在具体和抽象的信息间相互印证。

· 教学小贴士 ·

虚虚实实策略让抽象的探索性讨论（例如哲学讨论）明确地将抽象因素与具体课程联系起来，并对其他学科的具体问题也非常有用。

· 进一步拓展 ·

可阅读Tim Sprod的《三角聚焦》（*Foci triangle*）（2016）了解更多关于抽象和具体关系的理解。点击链接即可获取信息：https://www.philosophy-foundation.org/blog/in-out-in-out-shake-it-all-about。

1. 提出具体问题（进入）。
2. 转而提出与之相关的抽象表达（抽离），例如，"X是什么（名词形式）"？
3. 回到具体的问题，以测试对具体信息的抽象理解是否正确（再次

第三部分：提出好问题的战略方法

进入）。

因此，在对低年级的学生进行教学时，具体的操作可能类似下面这样〔以Max Velthuijs（1997）的故事《青蛙是个大英雄》为例，教授学生理解"英雄"这个抽象概念词〕。

1. 青蛙是英雄吗？/这个故事中的英雄是谁？

2. 英雄是什么？

3. 如果英雄是……（插入学生1的回答），那么青蛙是英雄吗？/谁是英雄？

这个操作流程也可以转而使用实实虚虚（Kokey Hokey）的操作策略（要感谢Steven Campbell-Harris的贡献）：

1. 这一次，我们从一个抽象的问题入手（抽离）。

2. 转而提出一个具体的表达方式（进入）。

3. 将抽象表述与具体信息结合进行印证（抽离）。

4. 再次回到抽象的概念来再度评估理解（融合起来）。

因此，在KS2阶段，实实虚虚的实际操作可能会变成下面这样（以亨利八世的故事为蓝本对"领导力"这个抽象概念进行讨论）：

1. 什么是好领导？

2. 亨利八世是一位优秀的领导者吗？

3. 如果一位优秀的领导者是……那么亨利八世是一位优秀的领导者吗？

4. 那么，怎么样才算是一个好的领导者？

IDEA 64

提问策略64：视觉思维策略
——提升团队的欣赏和艺术分析能力

"一般来说，我们依赖大脑进行思考，但有时候我们通过自己的手、耳朵和眼睛来思考。"

这是由Philip Yenawine及其同事在2013年开发的一种内心质疑的方法，用来提升一个团队欣赏和分析艺术的能力。我选择将这个策略放在这里，是因为这个方法具备广泛的应用性和极强的适应性，尤其是——且不仅限于——在启发各种各样的图像理解能力方面。视觉思维同时还具备了开放式提问心态（详见提问策略18）的核心价值观。

· 教学小贴士 ·

在运用这个策略的过程中，如果孩子们在描述时提到了图像的相关部分，那么直接使用教杆指向相应的区域是个不错的做法。

· 进一步拓展 ·

请阅读Philip Yenawine的《视觉思维策略》(*Visual Thinking Strategies*)（2013）一书或访问下面网站了解更多信息：https://vtshome.org/。

第三部分：提出好问题的战略方法

正如Yenawine所说，运用视觉思维模式的老师帮助学生：

- 仔细观察艺术作品；
- 谈谈他们观察到的事情；
- 用证据支持他们的想法；
- 倾听并考虑他人的观点；
- 讨论和欣赏各种不同的解释。

下面是对视觉思维操作过程的一个简单总结：

1. 向班级展示图像，让他们静静地看一下。

2. 向小组询问有关图像的问题。

下面问题可以作为参照：

- 这张照片里发生了什么？
- 你看到什么让你产生这种看法？
- 你还能找到什么其他支撑信息？

3. 然后，教师在保持中立的前提下，通过回应学生的评论来促进讨论。

涉及以下内容：

- 指向学生们所说的部分图像以示说明。
- 准确地解释学生的每条评论。
- 将答案和观点联系起来，无论是认同还是不认同的观点。

4. 结束课程：

- 避免"直接告诉他们答案"。
- 感谢学生们与教师分享自己的观点，"从倾听中学到的东西"。

IDEA 65

提问策略65：虚拟的异见者
——促进富有成效的讨论

"完美的和谐是良好沟通的敌人。"（Michel de Montaigne）

如果孩子们都表示认同，就很难进行持续而富有成效的讨论。那么，如果不存在分歧，教师会怎么做？

· 教学小贴士 ·

请记住，只要班上有一个同学有不同的意见，教师就可以引导全班学生进行讨论。

· 进一步拓展 ·

如果孩子们都表达了对他人观点的认同，那么教师可以进行一对一分组对话的操作，并提问："如果人们不认同/不认为X正确，而是认为Y，那么他们会怎么说？"

对于年纪非常小的学生，你可以使用泰迪熊作为虚拟的发言人来表达不同的意见，如："泰迪熊表示不同意，他认为不是X。你能不能听听泰迪熊的理由，并告诉我为什么他认为不是X呢？"（感谢Steve Hoggins给出的创意）

第三部分：提出好问题的战略方法

如果全班都实现了"完美的和谐"（即没有任何不同的意见），那么教师可能需要采取"魔鬼的代言人"这个策略。通常，教师的开场白是"假设……"（详见提问策略58），但使用这个策略的问题在于，教师要取代学生完成思考的工作，因此教师可以尝试通过提问来激励学生自己完成思考的工作。如果学生的年纪太小，产生完全一致答案的原因可能是学生们没有意识到还存在其他不同的答案或见解。在这种情况下，教师可以尝试二分法提问策略（详见提问策略9），或者尝试使用"回答检测器"（详见提问策略83）来识别可能持有不同意见的孩子。但如果班上没有一个人有不同的想法，那么教师可能要尝试使用虚拟的异见人。要使用虚拟的异见人，教师可以请学生们自己主动积极寻求不同的答案或观点。教师可以提问：

1. 如果有人不同意你的观点，你认为他们会怎么说？
2. 你认为他们会给出什么理由？
3. 你现在同意他们吗？

我们可以在很多不同的提问策略中引入虚拟的异见人的角色。例如：

- 如果问题是二分的（"X或不是X？"或"X或Y？"）："如果有人认为不是-X/Y，你认为他们会怎么说？

- （角色扮演）故事中的角色P认为不是-X/Y，所以如果你是角色P，为什么你会认为不是-X/Y？

- （辩论式）请班上这一半的同学思考一下为什么是X的理由，另一半同学则思考一下为什么不是-X而是Y？

IDEA 66

提问策略66：内心的对话
——促进学生高效思考

"我想，我不认同自己的观点！"（在高质量的小学课堂讨论中你会经常听到类似的表述）

哲学家苏格拉底——所谓的提问之神——将思考和对话做了一个对比，表明思维是一种"无声的对话"。因此，最重要的提问方法之一不是质问他人而是质疑自己。如果我们将思维视为另外一种形式的对话，那么良好的课堂讨论就会成为如何进行高效思考的典范。

· 教学小贴士 ·

教师可以亲自示范进行内心对话的过程，但是需要将内心的声音大声地说出来，并时不时地停下来问学生，下面的对话将如何继续。

· 进一步拓展 ·

教师可以记录（或转录）课堂讨论的片段（可以将孩子们的姓名隐去），然后让班上的学生观看或阅读摘录片段，批判性地与自己进行对话和讨论，看看学生是否认同自己所述的观点或立场。

第三部分：提出好问题的战略方法

本书中描述的各类提问策略和技巧，尤其是前面的虚拟的异见者（详见提问策略65），都鼓励我们进行内心的对话。下面这些方法可以帮助学生发展这种至关重要的元认知技能。

X会怎么说

询问其他学生，他们将会如何回答问题或做出回应？

虚拟的异见者

即使是年纪最小的学生也可以做到这一点（可参见Steve Hoggins对泰迪熊的使用，详见提问策略65）。当我们看到孩子们无法提供与同班同学不同的意见时，我们可以通过泰迪熊来表达不同的见解，这就意味着内心对话可能会发生在与他人进行批判性对话之前。

我想……现在我认为

让学生在讨论一开始就记下一个"我想……"的答案，然后在讨论结束时让他们再次写下"现在，我认为……"的答案，这有助于让学生们更清晰地意识到自己的认知转变。

编写对话

最后，最复杂的版本是要求学生为两个角色编写一个简短的对话，就像柏拉图所做的那样。

IDEA 67

提问策略67：学会区分抽象概念

"自由的概念有两层含义：一是行动的自由，二是思维的自由。"（来自一个十岁的男孩Tyrese）

能够做出区分是最重要的批判性思维技能之一。简单地说，进行区分就意味着学生能够说出两个想法之间的不同，或你认为什么算是一个好的想法。

· 教学小贴士 ·

在讨论中需要我们进行区分时，通常会出现提示的线索。因此教师需要注意聆听是否会出现类似"我认为既是正确的也是错误的""我认为两者皆可""我采取中立态度""一半一半吧"等表述。因为这些表述通常包含的意思是"某种程度上说是X"，但"在某种程度上又不能算X"。解开这些迷惑通常意味着教师需要揭示某种区分。所以在听到类似表述时，教师可以尝试提出一些鼓励学生进行区分的问题。

· 进一步拓展 ·

教会孩子们如何进行区分，并在思路/战略墙上为他们提供相关的定义（详见提问策略99）。

概念的细分

这种类型的区分是将一个通常用于抽象表达的概念名词（抽象名词）进行拆分，例如"爱"可以拆分为多个不同的概念和想法，例如"友爱""对某事的热爱""对人类的爱"等。想要鼓励学生进行类似的概念细分，教师可以提出这样一个问题："**是否存在多种不同的X？**"（其中X可以是"爱"或"自由"抑或"谎言"，等等）

概念的区分

概念的区分与概念的细分略有不同，概念的区分意味着我们需要更清楚地区分出那些经常被混淆的不同概念或想法，例如，"说谎"与"表达不真实的信息"就不是同一个概念。这些容易混淆的概念乍一看没什么区别，但实际上是两个完全不同的东西。例如，如果你讲了一个虚构的故事，你就可以在不说谎的情况下表达不真实的信息，可参见提问策略71的反例。想要鼓励学生进行类似的概念的区分，教师可以提出这样一个问题："**X和Y是一样的吗？**"教师可以尝试通过给出下列案例来帮助学生理解：

- 心灵、大脑；
- 数字、数位；
- 世界、地球；
- 水、冰。

IDEA 68

提问策略68：问题的回答和回应

"所有的问题都可以回答，哪怕答案是'我不知道答案是什么'。"（来自十岁小女孩佛罗伦斯）

对回答问题和回应问题这两个概念之间做一个区分，有可能帮助佛罗伦斯（上文）更有意义地了解她的有趣观察（此处要感谢Pieter Mostert的贡献）。

> · 教学小贴士 ·
>
> 教师可以尝试给学生提供这两个需要区分的抽象概念，并让学生思考他们自己正在做的是什么，是回答问题还是回应问题？

请思考学生们对下面这个问题给出的回应：

这里有多少个数字？

2　2

2　2

（摘自Crown House Publishing出版的 *The Philosophy Shop*；Worley, 2012）

学生们给出的回应可能包括：

第三部分：提出好问题的战略方法

- "四个！"（不提供任何理由支撑的答案）
- "问题里的数字指的是什么意思？"（关于问题自身含义的探讨）
- "嗯，有四个数字，但是这四个数字一模一样，所以可能只能算一个数字？"（有声思维的重新评估策略——详见提问策略57）
- "两个数字。因为虽然有四位数字在黑板上，但它们代表了同样的数字，因此数量只能是'二'。"（提供了支撑理由的答案）
- "哇哦！我得好好想一想！"（感叹式的回应表明回答者可能认识到问题本身存在问题）

所有这些都是对问题的回应，但只有一部分回应可以被看作答案，因为它们试图解决教师所提出的问题。我们可以通过两种特征来判断学生到底是回答了一个问题，还是仅仅对问题做出回应，即**一个备选的答案**，且**解决了问题**（按照Mostert的定义）。

> **·进一步拓展·**
>
> 有时候孩子们不能用语言来回答问题，但这不意味着他们总是不能够回答问题——他们可以通过绘画、表演和指点等方式来回答问题。因此，教师们也不要忽视了孩子们类似的回应。

Part 3: Questioning strategies

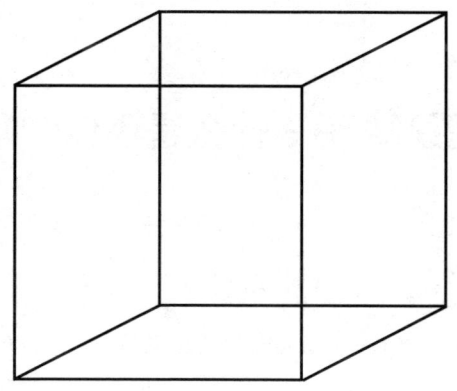

思考一下这个问题：

上面的图形是二维的还是三维的？

回答：

- 2D；

- 3D；

- 这是3D图形的2D呈现。

前面两个只能算作回应，因为这两个回应只表达了孩子们认为答案是什么（尽管需要进一步的论证，但这两个回应都可以被认为是正确的），只有第三个回应才可以算是回答了前述问题。因此，正如Mostert所说的那样，这个答案"解决了问题"，因此这可以算是一个有效的答案。

IDEA 69

提问策略69：什么是糟糕的问题

"我们很坏，不是那种看起来坏但实际上好的坏，而是彻彻底底的坏。"
（电视连续剧Treme中的Kermit Ruffins说的台词）

的确存在一些因为很糟糕而无法使用的问题，但同时也存在一些因其糟糕的本质而能够发挥作用的坏问题。

· 教学小贴士 ·

当学生们能够指出这是一个糟糕的问题，而教师并没有阻止学生或试图掩盖，那么任何不好的问题都有价值。教师需要保持开放式的提问心态（详见提问策略18）来充分利用不好的问题。

· 进一步拓展 ·

Lan Gilbert写的《小书之书》(*The Little Book of Thunks*)（2007）充分论述了糟糕问题的用法，并从积极的角度论述了这些糟糕问题的用处。

首先，让我们理解一下什么叫作糟糕的问题。是什么让一个问题变成糟糕的问题？下面是一些可以作为评判依据的表述（有的时候，有些问题可能符合不止一条评判标准）。

> **· 超值附加策略 ·**
>
> 费米问题设定了棘手的预测/提供很少或不提供数据的计算问题，这些问题很难回答，且没有确定的正确答案。例如，"伦敦有多少个调音师"？如有计划在小学教育阶段使用类似的问题，可以点击下方链接获取：https://www.teachertoolkit.co.uk/2017/04/28/fermi-questions/。

- 过于复杂的问题；
- 数量太多的问题；
- 包含具有争议性且不可解决的假设性问题；
- （部分）引导性问题（详见提问策略14）；
- （有时候）是修辞型问题；
- 以封闭的提问心态提出的问题（详见提问策略18）；
- 提问实际上是为了表达观点，而不是提出问题；
- 不清不楚的问题；
- 包含（太多）疑问的问题（详见提问策略13）；
- "攻击型"问题，即所提出的问题是为了攻击对方的问题。

有时候，**提问方式很糟糕的问题**并不总是不应该被提出，这就意味着是提问方式而不是问题自身存在问题。有时候，通过"分析"一个提问方式很糟糕的问题，即找出为什么它是一个糟糕问题的原因——这一过程能够让我们看到糟糕问题的有用之处。

不清不楚的问题，只要这些问题含糊的方式是正确的，我们就可以采用类似的做法。

有时候，有些问题被认为是糟糕的问题，是因为它们包含了一些**预设**

🔸 第三部分：提出好问题的战略方法

的前提。但其是否真正很糟糕，取决于其包含的预设前提以及我们如何对待这些预设前提（详见提问策略61）。

提问策略70：为了解释而提问

"实际上发生了什么是一回事，它是什么意思则是另外一回事。"

这种对文本进行批判性解释的方法改编自犹太人的文本解释方法，其被称为PaRDeS，其中文本有四个层次：（1）文字；（2）道德；（3）隐喻；（4）隐藏含义。

· 教学小贴士 ·

在教授不同层次的文本时，使用描述性方法进行教学（详见提问策略48）。

· 进一步拓展 ·

在第2层级的文本教学中，为了鼓励学生对文本进行总结，可以设置以下任务："你能够用少于X个单词说出文本中发生了什么吗？"（可以是20个词，10个词，5个词，3个词，甚至是1个词）根据班上学生理解和解释的能力，这项练习本身也有助于学生们理解文本的含义（如"追逐你的梦想"或"失去"，等等）。参见提问策略6、40和64的相关信息。

可以尝试通过下面的操作流程来提出问题以实现理解：

1. 阅读文字或展示图像。

2. 首先提问**文字层面的**含义，教师提问："文中发生了什么？""你看到了什么？"（详见"进一步拓展"部分的内容）

3. 为了让学生实现**道德层面**（以德为本）的理解，教师提问："那么你认为我们应该从这个故事/图像中学到什么？如果有的话。"

4. 为了让学生**批判性地评价同班同学的理解**，教师提问："你是否认同××（学生的名字）的观点，即认为这个故事是关于（此处插入学生对故事的理解，用学生的原话进行转述，不要加入教师个人的解读）……"例如，"你是否认同玛丽的观点，她认为这个故事讲的是'追逐你的梦想'"？

5. 为了让学生**批判性地评价**文本或图像**建议的道德价值**，教师可以提问："你是否认同（插入文本所示的道德价值)？"例如，"你是否认为你应该'追逐自己的梦想'"？这个理解与道德层面的理解之间的区别在于，它不一定与我们应该如何生活或如何行为有关，而是通过隐喻来理解人性的本质（可参见提问策略64了解更多关于视觉思维策略的信息）

IDEA 71

提问策略71：列举反例
——建立批判性思维

"死掉的鸟也可以飞，如果你把一只烤鸡放到飞机上，它就能飞起来。"（来自十一岁的学生）

反例也是批判性思维工具的一种，我们将其定义为："反驳一般性主张的例子"（对孩子们来说，就是"一个反对一般性主张的东西"）。

· 教学小贴士 ·

为了帮助管理反面例子，教师可以使用自动锚定策略（详见提问策略39）：（1）"所以，这是一个例子吗？"然后（2）"这个例子是否反驳了一般性主张？如果是，反驳了哪个一般性主张？"

· 进一步拓展 ·

可以阅读我的文章《如何将批判性思维引入你的课堂》（*How to introduce critical thinking into your classroom*）了解更多相关信息。可以在 Innovate My School 网站上免费获取文章资源，点击下面链接即可：http://www.innovatemyschool.com/ideas/how-to-introduce-critical-thinking-skills-into-your-classroom。

第三部分：提出好问题的战略方法

提问班上学生，如果有人说"所有的鸟都会飞"，他们要怎么回答。孩子们很有可能会提出一些反面例子，例如"企鹅就不会飞"。有时候孩子们会自然而然地提出类似的反面案例，但有的时候，需要教师来提示他们这么做。因此教师：

- **将一般性主张写到黑板上**：例如（显性）"所有的数字，要么是奇数，要么是偶数"；（隐性）"想要证明自己是真实存在的生物，你就必须要有心跳"；（其中隐含的一般性主张）"所有真实存在的生物都有心跳"。

- **如果学生们已经知道什么叫作反面例子，教师可以直接提问**："有没有人能够给我一个反面的例子？一个驳斥这个一般性主张的案例？"（一边说一边指向黑板上写着的一般性主张）

- **如果学生们还不知道什么叫作反面例子，教师可以提问**："有没有人能够想到一种是X但不是Y的东西？"例如，"有没有人能够想到真实存在，但却没有心跳的东西"？

反面案例既消除了不太合适的答案，又能够帮助孩子们想出更好的答案。例如，如果山姆给出了这样一个主张，"所有的树木都会生长"，其他学生可以提出反面的例子，如"那些被做成家具的树木就不会再生长了"。为了回应，山姆就需要反驳并修正自己最初的表述："我的意思是，所有活生生的树木都会生长。"但是教师们要牢记，不是所有的反面例子都是好的例子。虽然"企鹅不会飞"是一个成功的反面例子，但就"所有的鸟儿都会飞"这一一般性主张而言，"火烈鸟"就不能算是一个反面例子，而"鸡"则处于中间的灰色地带（参见提问策略51的相关内容）。

QUESTION
DELIVERY

第四部分

怎样表达问题更有效

IDEA 72

提问策略72：关键理念
——让提问生效

"生存还是毁灭，这是个问题。"《哈姆雷特》

我们进行"提问"的形式并不一定都是问题，回想一下我们在大学参加考试时面对的"提问"，这些提问根本就没有以"问题"的形式出现，它们通常先给出一段引用的话，然后给出的指令是"进行探讨"。

· 教学小贴士 ·

在引出"问题"时，教师要注意听取学生给出的争议性的陈述。我将其称为"引用—讨论"提问法，参照了书面考试的提问模式。

· 进一步拓展 ·

辩论（详见提问策略58）可以是一种有趣且结构化的提问方式。通过学生的陈述，以及对陈述的回应，无论是辩护还是驳斥，都可以实现探讨的目标。关爱世界组织（Concern Worldwide）出版的《辩论手册入门》（*Primary Debating Handbook*）可以帮助我们更好地了解辩论相关的知识和技能。点击下面链接即可获取免费资源：www.concern.net/sites/default/files/media/page/primary_debating_handbook_a5_updated.pdf。

第四部分：怎样表达问题更有效

考试问题中的"引用"往往会提出具有争议性的信息，即应试者需要去说明、探索和判断。因为其存在争议的本质，引用本身就提出了质疑。这就是为什么虽然这些引用并没有以问题的形式出现，我们依然将它们视为问题。正如J. T. Dillon在他的著作《课堂中的讨论》(*Using Discussion in Classrooms*)（1994）中所述的那样，他对"提问"和"进行质疑"两者之间差异的区分能够帮助我们理解这一点（详见提问策略25）。

思考以下两种提出问题的方式：(1)"你是否认为女孩在某些方面比男孩更好，而反之亦然？"(2)"女孩子在解决团队问题方面比男孩更好。"（来自《独立报》2017年11月22日）第2个表述更有可能获得孩子们发自内心的看法，并使辩论活跃起来。而第1个例子则需要谨慎使用，因为这个案例并没有包含任何可能激发辩论的内容，或任何被史蒂夫·霍金斯描述为"焦灼点"的具体争议性内容。

在毫无痕迹地提出问题方面，莎士比亚堪称大师。因为他所有的作品，在提出质疑时，都采用了"展示"而非"陈述"的形式。《威尼斯商人》向我们展示了反犹主义，但我们可以说，这部作品并不是一部以反犹主义为核心的作品。莎士比亚同时质疑了普遍存在的基督教价值观，但他并没有直接提出问题，而是首先向我们展示了一篇关于"怜悯的质量"的讲话，然后通过基督教徒战胜夏洛克（莎士比亚《威尼斯商人》中的犹太放高利贷者）所谓的"毫无怜悯之情"，并利用两者之间的冲突和矛盾来质疑基督教宣称的普世价值观。

IDEA 73

提问策略73：引导式提问和非引导式提问

"虽然有时候有人引导是一件好事，但有时候自己找到正确的路径会更好。"

仔细认真的读者可能已经发现我在本书中反复强调教师引导的、结构性的提问的重要性，这种类型的问题要求学生提供非常具体而准确的答案。但同时，非结构性的提问也很重要。因此，身为教师的我们应该在什么时候仔细地设计问题的结构和目的，什么时候应该放手呢？

·教学小贴士·

教师要学会抽身而出！你会发现，如果你能够找到机会抽身而出，就将获得比你最初想象的更多的机会，然后，再在必要时介入即可。

·进一步拓展·

可以阅读我的文章，即《如果式提问—锚定主题—启发式提问：一个封闭的、教师引导的提问技巧》(If it, anchor it, open it up: a closed, guided questioning technique) 和《阿里阿德涅的线团：教师的存在和缺席在哲学对话中的促进作用》(Ariadne's Clew: absence and presence in the facilitation of philosophical conversations) 来了解更多信息。点击下面链接即可免费获取这两篇文章：https://peteworley.academia.edu/。

第四部分：怎样表达问题更有效

提问策略71中的陈述"所有的鸟儿都会飞"相关的练习就是很好的例子。通过在黑板上写下这个一般性陈述或说出来，教师可以请全班同学对这个陈述"提出质疑"。做完这些之后，教师可以抽身而出，看看孩子们自己能够讨论到什么程度！要么可以选择等学生提供答案（或等学生举手回答）或设置一段时间进行全班讨论。提问策略71中给出的精心设计的、结构严密的问题仅在非常有必要的情况下方可提出。

启发式提问（详见提问策略41）则是另外一个很好的例子。在许多情况下，特别是对于年龄较大、更有自信、表达能力更强的孩子们来说，启发式的提问将是不必要的操作，因为孩子们会自己完成启发讨论这个工作，例如教师提问："战争有没有可能是一件好事？"孩子们可能回答："没有，因为……"而且，即便有时候孩子们不会立即提供阐述的理由，但如果教师耐心等待，他们一定会补充说明，例如教师提问："战争有没有可能是一件好事？"孩子们可能回答"没有"。（教师选择等候一段时间）孩子们继续说"……因为……"（参考提问策略41如何设置"等候时间"）。

另请参阅提问策略43中的"如果式提问以进行推理论证"的相关信息。因为在这里我们可以确切地知道何时需要进行结构化提问：在教师提出假设式问题并锚定主题后，孩子们并没有遵循他们回应问题时最初提出的观点，在这种情况下，教师需要再次提出假设式的问题来强调相关要求，让孩子们明白教师希望他们第二次提出的见解能够与他们第一次提出的见解相关联，并最好能够强化最初的见解。

IDEA 74

提问策略74：循序渐进地提问

"在学会跑之前，要先学会走稳！"（俗语有云）

如何以正确的顺序和清晰的方式提出问题，是一个非常困难但至关重要的提问技巧。

> **·教学小贴士·**
>
> 给学生提供答案，然后要求他们根据答案给出合理的分析和论证，例如："答案是……现在，告诉我为什么答案应该是这样的？"知道最终的答案是什么能够帮助我们更好地规划提问的顺序，而且这个方法在解决逻辑类型的问题方面尤为有用。

> **·进一步拓展·**
>
> 可以参阅柏拉图的《对话录·美诺》篇了解苏格拉底对奴隶男孩的提问技巧的更多相关信息。

有时候，在回答我们提出的问题之前，我们可能需要先回答其他相关的问题。一个好的提问者（详见提问策略23）对这些更进一步的问题（详见提问策略4）非常敏感，并能够在必要的时候正确地使用它们。

第四部分：怎样表达问题更有效

下面是一个音乐教师通过细致、循序渐进的提问教授一个全新的音乐作品的过程：

1. 这里的音符的名称是什么？

2.（无论学生的回答是正确还是错误）你能不能告诉我你是如何得出这个答案的？

3.（如果学生不知道答案）那么这一页上有没有一些音符是你认识的？

4.（如果学生表示"有"）那么，你认识的音符是哪些呢？

5.（在学生给出确定的答案之后）那我们开始的音符比你知道的音符高还是低呢？

6. 如果比较高，那么高几阶呢？

7. 如果比A高三阶，那么它应该是什么音阶？

8. 你知道如何解决这个问题吗？你知道具体的音阶吗？要记住，音阶意味着音符的阶梯，因此我们需要往上升三个阶梯，看看我们会得到哪个音符。

9. 所以，我们得到的音符应该是哪一个？

10. 没错，就是D！

IDEA 75

提问策略75：如何使用"为什么"

"你能说为什么吗？""为什么！"（我问五岁的孩子，然后五岁的孩子重复了"为什么"这个词）

"为什么"和"告诉我你的理由"之间有什么差别？你可能会说前一个是问题，而后者是命令。那么"为什么"引导的表述到底是问题还是一个披着问题外衣的要求？还是同时具备了这两种性质？

· 教学小贴士 ·

教师大可不必拒绝使用"为什么"这样的表述，但需要想办法软化其意图。例如，教师不应直接问"为什么"？因为这听起来有点强势，而是可以问"你介意说说你为什么这么想吗"或"你能否说出你的理由呢"等来表述。

· 进一步拓展 ·

教师可以跟班上的同学讲一讲四个"为什么"之间的差异，并鼓励他们分辨自己提出的问题或需要回答的问题属于哪种类型的"为什么"。

第四部分：怎样表达问题更有效

有些人认为"为什么"是一种侵略性甚至是有些暴力的表述，因此不应该在某些情况下使用（例如不应该在某些心理治疗的情况下使用）。你只要想象一下一个六岁的孩子不停地问你"为什么"的感受就知道了，这种不停歇的为什么只会让你感到精疲力竭。但是，在课堂教学的过程中，完全抛弃"为什么"的使用是不可取的，因为这个提问方式也是很重要的。因此，我们也需要思考"为什么"式提问所具备的不同功能。"为什么"式提问主要有四种形式，简述如下：

- **因果关系的为什么**：我们通常运用这种为什么来要求学生们解释导致某种结果的原因，例如，"为什么水会变成蒸气"？

- **说明理由的为什么**：我们通过这种提问来要求学生提供支持某个主张或结论的理由，例如，"为什么（出于什么原因）你认为吃肉应该变成违法的行为"？

- **说明目的的为什么**：我们通过这种表述来要求学生陈述某事的整体目标或目的，例如，"为什么（出于什么原因）你使用了那个特定的策略"？

- **表明动机的为什么**：我们通过这个问题来要求学生说明他们做出某事或说出某些信息的原因或动机（这是"因果关系/目的关系的为什么"在心理学层面的表述，能够有效帮助我们理解"为什么式提问"对课堂教学的效果和影响），例如："你为什么站起来？"

IDEA 76

提问策略76：知道自己为什么提出一个问题

"我知道我有一个观点想要表达！"（当我们的思路变得混乱时）

我个人倾向于把它分成两个部分：首先知道自己为什么要提出一个问题，其次知道自己提出问题的真实目的是什么。

· 教学小贴士 ·

要注意，我们的表层目的和深层目的可能会影响我们的提问方式和效果。

· 进一步拓展 ·

在为什么对全班学生提出问题方面要做到透明公开（详见提问策略32）。有时候，仅仅知道自己提问的目的是不够的，我们还要清楚地表达出来。

明确提问的目标是提升提问技巧和能力的第一步。例如（参照布鲁姆的分类法，详见提问策略54），提问的目的是进行回顾，例如，"什么更大？一个原子还是一个分子"？还是进行评估，例如，"当X说……的时候，你是否认同她的观点"？

第四部分：怎样表达问题更有效

明白提问的目标能够确保问题的清晰、简洁、准确、适当和可回答性。但是，除了分析提问的目标之外，我们还需要问问自己，我们在提问时秉持了什么样的心态，或我们提问的真实目的是什么。你是希望孩子们说出你的想法或你想要听到的东西（封闭式提问心态，详见提问策略18），还是希望听到孩子们说出他们自己的想法（开放式提问心态）。

你可能会问，那所谓表面原因和深层原因又是怎么回事。例如这个问题："你是否同意玛丽的说法，即每个人都应该进行合作？"这表面上看起来是一个评价他人看法的问题，但实际上提问者希望学生们能够表示同意，因为你本质上认为玛丽的观点是正确的。因此，教师们需要牢记下面两件事：

■ 除了所提问题的内容之外，还有其他的东西可能也会透露你的真实倾向，例如语调、面部表情或肢体语言等。

■ 有时候我们自己先入为主的观点可能会限制我们对于问题的理解。例如，因为你认为玛丽的观点是正确的，就很可能想不出任何其他的答案，或可能没办法对玛丽的观点保持开放的态度（详见提问策略26），例如没办法真正认真地听取其他人的不同见解。

IDEA 77

提问策略77：含混不清或根本不存在的问题

"这包含了双重含义。"[本那迪克，《无是生非》(*Much Ado About Nothing*)]

我们经常会做出类似"所以，你认为希腊人不应该对特洛伊人开战"的论断，而实际上我们真正想要表达的是"那么，你认为希腊人应该对特洛伊人开战吗"这样的问题。简单地用陈述或论断表达的信息会让听众花费更多的精力来弄清楚信息的真正要求是什么，并很容易在这个过程中导致误读或误解。

·教学小贴士·

养成清晰、透明和直截了当表达的习惯（详见提问策略32）。

·进一步拓展·

阅读Judy Rees和Wendy Sullivan的《简洁明了的语言：隐喻和开放思想》(*Clean Language: Revealing Metaphors and Opening Minds*)（2008）一书，了解如何在治疗环境中提出问题，尽可能减少语言的隐含或修辞力量，以避免产生误解。可以点击下面链接了解更多相关信息：cleanlearning.co.uk。

第四部分：怎样表达问题更有效

黑体字部分提供的第二个例子就是一个"语言清洁"的问题，因为它更加直接和透明。如果你想要提问，就干脆利落地提出一个问题（但如果你想要质疑某事则可以算作例外，牢记这一点很重要，详见提问策略25）。

如果你认为孩子们没有遵守游戏、讨论的规则，那么你可以问："孩子们，我们有没有遵守规则呀？"这不是清楚明了的表述，但这个问题实际上是一个陈述句，用较为委婉的方式表达了你的意图，即"我认为你们没有遵守规则，而且我认为我们需要解决这个问题"。而一个更为清楚和直接的提问应该是："一些人没有遵守规则，我们能做些什么来解决这个问题呢？"

然而，通过提问来表达意图的形式并不是万能的，教师完全可以直接说"有些人不遵守规则，让我们从头再讲一遍，确保所有人都清楚规则是什么"。教师们经常会觉得自己需要把所有的意图都通过问题的形式来进行表述，以确保教学以学生为中心的形式开展。然而，这可能会导致学生产生过度复杂的心理并形成不太好的课堂文化，即孩子们需要花费大量的时间来"解读老师的思想"，或弄清楚教师真正要求他们做什么或试图表达什么意思（详见提问策略18）。

IDEA 78

提问策略78：精准而透彻地提问

"心口如一、言出必行。"

如果你想让别人说出他们对某事的看法，不要问："那么，你对X说的东西是什么感觉？"相反的，如果你想要别人描述自己对某事的情绪反应或感觉，不要问："关于这个，你的看法是什么？"请直截了当地说出你的要求。

· 教学小贴士 ·

如果你自己还没有想清楚到底应该如何清楚地表述一个问题或组织相关的语言，那么就先不要问出口。给自己一点时间来厘清思路，做好准备之后再开口。

· 进一步拓展 ·

但有时候我们可以刻意地违背前面这个原则，尤其是当我们有意想要提出一个含混不清的问题时（详见提问策略2）。

我们经常会以不完整的形式提问，例如，"你喜欢马麦脱酸酵母吗"？而事实上，我们真正想问的是："你喜欢酵母酱的味道吗？"当我们可以从

第四部分：怎样表达问题更有效

上下文中轻易推断出问题的含义时，就可以采用不完整的提问形式，然而，提问者自己应该知道完整的问题到底是什么，问题是否被明确地提出，以便在必要的时候通过解释让问题变得明确易懂，例如，当我们向非常年幼的学生提问时。

试想一下，如果我们提出"2+2等于几"这个问题时，可能会出现两种情况：

1. 提出问题的背景是数学课，老师正在教孩子们1到10的加减法。

2. 提问的背景是哲学课，老师正在与成年学生探讨语言及其含义。

在第一种情况下，"2+2等于几"这个问题能够取得非常明确的结果，因为它指的就是"2+2的总数是多少"，不会再包含任何其他的衍生或拓展含义。但是，在第二种情况下，"2+2等于几"这个问题可能有多种不同的解读，它可以解释为"2+2这个表述的功能和含义是什么"或当你在问"你喜欢马麦脱酸酵母吗"时，如果提问的背景是在大学媒体研究课程上，那么你可能需要更加明确的表述，例如，你需要明确表达自己想要了解的信息是学生们是否喜欢"马麦脱酸酵母"这个品牌，而不是它的味道。

IDEA 79

提问策略79：问题修剪器
——剔除不必要的表述

"？"（必要的问题？）

当我们提问时，有时候会倾向于提出太多的问题，或者提出的问题过于复杂和冗长。在大多数情况下，简化和缩短问题都会取得更好的效果。

· 教学小贴士 ·

在提问时，一定要问问自己："我的问题还能不能更简洁明了？"

· 进一步拓展 ·

问题修剪器也可以适用于一般性的表述，而不仅仅局限于问题。每次讲话之前，你都可以问问自己，"我真的需要这么说吗"或"我能不能说得更简洁"？

我们可以利用下面的方法来简化我们的问题：

■ **锚定法**：如果你已经提过一个很好、很明确的问题，那么简单地锚定它就可以在很多情况下取得很好的效果。例如，与其提出"所以，我们回到最初的问题，这与那个问题到底有什么关联呢"类似的问题，我们直接锚定（详见提问策略37）该问题即可，我们可以说："所以，伤害某人是不是可以接受的？"然后，停止说话，并听取学生的答案即可（详见提问策略21）。

■ **去除不必要的习语**："例如，"你能否扩展/详细说明呢"？我们可以简化为"能不能说得更多"？

■ **剔除复杂的语言**："那么，这与问题存在什么样的关联？"如果你对着小学三年级的孩子提出这样的问题，他们很可能根本不知道要如何回答。因此，可以直接锚定最初的问题，即"所以，你认为狮子躺着是否合适"？

■ **寻求最简练的提问结构**：问问自己"我想问的问题的最基本结构是什么"？在尝试将问题理解为一种结构的基础上，我们可以消除自己常常在问题中无意识添加的不必要表述，例如，"什么是X？""X和Y是一样的吗？""X和Y同样重要吗？"等都属于最基本的问题结构（详见提问策略10）。

■ **无具体内容的提问**：我们可以运用这个方法来删除问题中与我们自己的想法相关的所有内容（详见提问策略55），这让我们能够在提问过程中仅仅发挥结构性的作用。

IDEA 80

提问策略80：不要着急说"但是……"

"没错,而且……"(来自即兴喜剧游戏的表述)

当我们根据孩子们的答案提出后续问题时,很容易张口说出"但是……"这个词,给人的印象就是刚刚说的答案要么与问题无关,要么是错误的答案。一般情况下,我们会建议教师们尽量避免使用"但是……"这个表述,可以用"和"或"所以"等表述作为替代。同样地,我们也完全可以避免使用"为什么"(详见提问策略75),而且不会因此而造成任何信息的遗失。

> **· 教学小贴士 ·**
>
> 另外一个常见的趋势是在与他人对话的时候使用很多的"但是……"我们也应该尽量避免这样的情况。

比较下面两位教师锚定问题(详见提问策略37)的操作的异同:

学生:CO_2在空气中。

教师1:那么,CO_2和空气一样吗?

或

教师2:那么,但是CO_2和空气一样吗?

第四部分：怎样表达问题更有效

> **·进一步拓展·**
>
> 我们可以了解更多关于"是的，而且……"这一常用于即兴喜剧中的首要经验法则，因为这个表述现在已经成为商业对话中颇具影响力的表达。然后，当你再次遇到那些让你条件反射想要以"但是……"开头的问题时，想象你正在模仿"是的，而且……"这个表述，并重新思考和组织你的回答。如果你想要把这个方法介绍给你的同事，完全可以尝试在员工会议上玩一把这个游戏！

第一个教师的回答指的是："就这个问题而言，你能够从自己所说的答案中推断出什么？"而第二个教师的回答则表明："好吧，我知道CO_2在空气中，但这并不意味着它与空气是一样的，对吧？"第二个教师采用了错误的引导方式：修辞暗示的方式；而第一个教师则采用了正确的引导方式：推理论证的方式。第二个教师代替学生完成了思考和辩证的工作，而第一个教师则引导学生自己去完成推理辩证的工作（可参见提问策略14相关的信息）。

而采用"和"或"所以"等表述的一个充分理由是，我们应该抵制原则上存在预先判断相关性的表述。让我们看看下面这个案例：

学生：我周末做了蛋糕。

教师：好吧，但这与我们的问题"CO_2和空气一样吗"有什么关系呢？

学生：配料都包含在蛋糕里，但是配料不等于蛋糕，就像CO_2和空气的关系那样。

这种情况，教师的反应是得当的，因为他/她的回应并没有默认学生的答案是无关的！

IDEA 81

提问策略81：注意隐性的标点符号

"为什么我们需要标点符号呢？我们说话的时候又看不见它们。"（一个八岁的小女孩问道）

很多人可能都看过下面这个关于标点符号的变动导致整个句子含义改变的陈旧案例：

"让我们吃楠吧（NAN：印度、巴基斯坦式的微微发酵的面包）！"

"让我们吃吧，奶奶（NAN：小孩儿语）。"

> **·教学小贴士·**
>
> 在提问时，要注意自己表述的重点，因为不同的强调有可能导致所提的问题或声明被理解为与本意完全相反的意思。不要隐秘地使用强调这个技能，应该公开地使用它来凸显问题的重点并获取更多有用信息。

仅仅是强调的内容或位置的不同，就可以完全改变一个句子的含义。看看下面句子中不同的强调能够带来哪些不同的回答。

- 他为什么不应该吃他的猫？（"因为他喜欢它"）
- 他为什么不应该吃他的猫？（"因为吃猫是不对的"）
- 他为什么不应该吃他的猫？（"因为他的饥饿的孩子比他更需要猫"）

第四部分：怎样表达问题更有效

- 他为什么不应该吃他的猫？（"因为拿猫来做帽子更好"）
- 为什么他不应该吃他的猫？（"因为他的邻居的猫更美味"）
- 他为什么不应该吃他的猫？（"因为他的狗更有营养"）

提问的语气和强调能够实现引导的效果（详见提问策略14），因此为了避免提出导向性的问题，我们通常在提问时需要避免出现任何强调的做法。但是，如果我们需要有意识地训练学生进行强调的能力，那么这可以是一种有价值的方法，让我们能够在不改变单词的情况下，探索一个问题还可以产生什么其他的含义。我们可以尝试下面的做法：提出一个问题——任何问题都可以——然后不断地重复，每次强调不同的内容，看看班上学生对不同强调的反应和理解是什么。对有些问题来说，可能产生的变化不大，但对于其他一些类型的问题，可能会产生完全不同的含义和效果（可以参见上面案例中的前两个例子）。

SPEAKER
SELECTION

第五部分

正确选择发言人

100
ideas for primary teachers

IDEA 82

提问策略82：提问的雷达
——长矛式还是广撒网

"这是优秀教学的基础技能之一。"

当你面对班级进行提问时，你应该向谁提出问题？我们的"提问雷达"应该像长矛一样精准，还是应该像渔网一样宽泛？

· 教学小贴士 ·

要记得与班上每个学生都进行目光接触，在谈话时要记得环视整个班级，不要忘了看向自己左边和右边的学生！

· 进一步拓展 ·

在对更大群体听众进行讲话时（例如集会），记得看着离自己最远的听众讲话，并从不同的位置和区域抽取人来回答问题，这样能够确保各个位置的听众都感觉到你在对着他们讲话。这是确保较大群体观众都能全神贯注的一个好方法，哪怕他们不会全部发言。

当然，上述问题的答案（即应该采用长矛式提问还是渔网式提问策略）取决于我们在提问中想要达到的目标，但我们需要注意下面这些事项：

哪怕我们把问题指向某个特定的学生，也要保持提问雷达的覆盖面，

第五部分：正确选择发言人

并考虑通过眼神接触、站姿、手势和语气等辅助手段来解决课堂上其他区域学生的问题。一个开放式的提问雷达不仅能够减少被提问学生的压力，还能够帮助其他学生做好提供补充意见或答案的准备，这也有助于保持其他学生的课堂参与度。

一个狭窄的提问雷达只瞄准一个学生，通常提出一个封闭的问题（详见提问策略16），而且提问者通常会采用某种特定的肢体语言，如脖子前伸，走向回答问题的学生，眼睛只盯着回答问题的学生，且通常使用封闭的提问心态（详见提问策略18）。这种做法会疏远班上大多数学生，因为他们会觉得，除非老师直接提问他们，否则他们根本没有参与到讨论之中。

提问策略83：回应探测
——找到持有不同见解的学生

"企鹅有一种天生的本能，以一种近乎神奇的方式，在数百万只企鹅中找到自己的幼崽。"

有时候，仅仅激励学生回答问题是不够的——教师还需要找出某个或一些特定的学生，因为他们的答案与已经提供的答案之间存在辩证的关系，所以教师需要一种方法来帮助找出这种特定类型的答案（详见提问策略29的"辩证法"）。

· 教学小贴士 ·

如果你能够找到一种方法来检测课堂上是否有学生会说出同样的话，那么就不要在课堂讨论中表达任何与想法相关的内容（详见提问策略55）。

· 进一步拓展 ·

可以参考提问策略85的内容，让自己的检测能力变得更加敏锐。

在过去的某些时候，我曾经产生过这样的想法，即"这个讨论没有任何进展，或我没有听到任何有助于推动讨论的简介"，所以我自己说出了一

第五部分：正确选择发言人

些可以推动讨论进展的信息或内容。但在某些情况下，会有学生在课后对我说："老师，当你说……的时候，我刚好也想说同样的话！"这让我反思自己，我觉得自己应该找到一种方法——从学生中获取这种特定的想法，而不是自己过早地说出来。

所以，我在这里向诸位呈现我找到的方法：**回应探测器**。这是一种识别特定类型答案的方法，例如：不同的见解、与前面发言人的信息或问题有关联的想法、一种"否定"的观点。例如，假设前面几个回答问题的学生给出了相同的答案，例如在回答"什么是最好的圣诞节礼物"这个问题时，很多学生都认为"越大的礼物就越好"时，你会发现自己忍不住想要给出一个不同的看法。但实际上我们可以反过来尝试看能不能在班上找到持有不同看法的学生，这样一来，教师就不用自己提问："有没有人的答案与前面几位同学的答案不同？"

而**对抗性答案探测器**则意味着我们不仅仅要找到那些能够提供不同见解或答案的人，而且要找到那些能够提供某种程度上相反答案的人。所以，如果前面回答问题的三个学生都给出了"这是公平的"这样的答案，你就需要提问班上的学生："有没有人认为这是不公平的？"

IDEA 84

提问策略84：巧妙应对无人应答

"无人举手示意回答不代表没有任何想法！"

你可能提出了一个问题，但是没有学生举手回答。尽管这种现象在初中阶段比小学阶段更为普遍，但身为小学教师的我们也要做好心理准备。

> **·教学小贴士·**
>
> 当全班没有一个学生举手回答时，不管做什么，都不要惊慌失措或紧张地胡言乱语或在没有想清楚的情况下提出无数的问题。

> **·进一步拓展·**
>
> 这个原则适用于各种情况：讲课、公开演讲，等等，但在开口询问答案之前，一定要记得给你的观众，无论是班上的学生，还是一起参加员工会议的同事预留一分钟的时间相互讨论和交谈。

如果没有人想回答问题，那么下面这些实用的建议可以提供帮助。

预留讨论的时间：在请求观众或学生回答问题之前，一定要记得预留时间给他们相互讨论或交谈。如果你希望学生向你或演讲者提问，也应该

第五部分：正确选择发言人

采取同样的做法。明确地告知学生或观众，在预留的讨论时间内，他们应该尝试以小组为单位想出至少一个问题。

仔细聆听：在讨论时间内，在班级里巡视并听取各个小组的讨论内容以了解进展。可以与每个小组的学生进行简短的交流，但注意不要支配或接管学生的讨论，坚持只提出简单、明晰和无具体内容的问题。可以记录每个学生都说了什么，并利用这段时间来针对那些说得较少的学生进行一对一交流。讨论结束之后，教师也基本了解了学生们的大概思路以及接下来应该提问哪些学生。

邀请回答：确保班级的课堂文化让孩子们感觉老师总是欢迎他们表达自己的意见，并且对他们的想法感兴趣（详见提问策略18）。更具体地说，是邀请那些在讨论时段被老师聆听过的学生来进行回答。教师可以邀请学生以小组成员的身份进行发言，如果这有助于减轻他们的心理压力的话。

体现关联：可以邀请那些持有与已经表达的观点存在辩证关系的学生来发言，也可以邀请那些挑战了前述学生观点的学生进行发言，既可以进一步拓展已经表达的意见，也可以提供全新的角度或观点。

IDEA 85

提问策略85：如果……请举手；如果……请把手放下

"这既是大脑的健身操，也是身体的健身操！"

有时候——问题不在于学生不会举手回答问题，而是每个学生都举手回答问题——而出现这种情况就再好不过了！在这种情况下，老师也可能感觉压力山大，因为很容易就会错过一些学生的观点。有些学生可能获得了几次发言机会，而有些学生则一次机会都没有。

> **· 教学小贴士 ·**
>
> 要经常对学生说"每个人都有发言的机会"，但老师"每次只能听一个学生的发言"并且"感谢其他同学的耐心和支持"。此外，要经常性地回顾（尤其是在课程结束时），"有没有人今天还没有发过言？你们想不想说点什么"？

> **· 进一步拓展 ·**
>
> 这个技巧也可以当成是另外一种形式的回应检测器（详见提问策略83）。因此，教师可以说例如"如果你想要回应××（前面一位发言学生的姓名）的观点，请举手示意；如果你前面已经发过言了，请把手放下"。或"如果你认为自己应该做X，请举手示意；但如果你有不同的理由去做Y，请把手放下"等。

第五部分：正确选择发言人

这是一个"动手动脚"的提问策略，能够帮助教师处理前文所描述的问题（全班学生都举手示意）。按照提问策略84所描述的情况，我们首先默认全班学生都举手示意自己想要回答问题，然后在"如果……请把手放下"这部分操作中，提出相应的条件并缩小能够发言的学生的范围。所以，教师可以说："如果你们已经发过言，请把手放下。"或稍后继续说："如果你已经不止发言一次，请把手放下。"

另外一种常见的情况是，"如果你还没有发过言并且想要发言，请举手示意；如果你已经发过言，请把手放下"。尽管后半部分的规定已经隐含在前半部分的表述中，但教师有时候需要更加明确地表达出来，因此我们需要重复强调。当然，我们还可以选择使用其他可以替代"举手示意"这个活动来进行发言人选择的活动（详见提问策略88）。

IDEA 86

提问策略86：积极引导安静内敛的学生

"＿＿＿＿＿＿"（这就是很多学生在课堂讨论中的表现！）

"来吧！我们今天还没有听到你说一句话呢！你肯定有想法要跟我们分享的。"但是，用这种强迫式的方法将学生推到台前其实并不是很有用。

·教学小贴士·

千万要小心！我们一不小心就会让那些习惯性占主导地位的学生保持主导的状态，尤其是他们正在讲述有趣或相关的信息时。教师需要不时地检查自己，并定时环顾教室，看看其他学生都在做什么，那些偏向安静的学生能够提供更多的线索，例如微微抬起的手臂、向前坐，或不那么明显的眼神表达。

·进一步拓展·

大部分安静的学生也能够在适当的条件下发言，所以要认真思考学生在课堂上身处的文化和环境是否能够鼓励他们表达。

第五部分：正确选择发言人

下面这些方法能够帮助教师激励那些安静的学生参与课堂，并鼓励他们表达更多的想法和信息。

- 时不时地**积极邀请**学生进行发言（详见提问策略19）。

- 在讨论时段，**以安静的学生为目标**。教师需要仔细聆听他们的意见，并尽可能找机会建设性地使用他们所说的话。

- 如果在讨论时间内，教师能够从安静的学生身上收集到有用的想法和信息，就可以在课堂上**代入这些想法进行讨论**。

- **摘取关键词**：教师可以"一不小心忘记"他们的观点，但确保自己至少记住一个相关的词汇或短语，例如，"莎拉，你刚刚说了一些很有趣的东西，好像是关于'错误和责任'……你能详细地说一说吗"？一定要记得使用类似"一些有趣的信息"等积极的表述来鼓励学生发言。

- **锚定问题**：教师可以通过提出锚定问题（详见提问策略37）寻求这些学生的回应，哪怕他们只是简单地回答"是"或"否"或只是简单地点点头或摇摇头，对教师来说这也是某种形式的回答。但为了获得更多信息，教师可以提出启发式问题（详见提问策略41），哪怕他们依然只是点点头或摇摇头，这也可以算是某种程度的回应。

- 一定要记得**感谢**发言人的贡献，经常点出他们的名字并积极聆听他们的答案（详见提问策略21）。

IDEA 87

提问策略87：可视化的民意调查
——让每个学生表达自己

"我想看到你们竖起大拇指！"（比尔·希克斯，喜剧演员）

在一个小学的课堂上，我们大概要面对30个隐藏着自己想法和思维的学生。在讨论过程中，让教室里的每个人都通过视觉的形式同时表达自己的立场，通常是让所有人意识到自己脑子里的"初步想法"的好办法。

·教学小贴士·

如果你不太习惯让孩子们在同学表达观点或某些内容时，用竖起大拇指或大拇指向下的方式来表达认同或不认同，那么请使用不同的信号来表达同意或不同意。然而如果教师已经在课堂上建立师生间的信任，那么用拇指的姿势表达态度应该不存在任何问题。

·进一步拓展·

在搜索引擎输入"可用于课堂教学的手势"，你应该就可以找到更多适用的资源。

第五部分：正确选择发言人

· 超值附加策略 ·

杰森·巴克利则选择让孩子们通过在教室里站立的位置和距离来代表他们的立场。如果站得非常靠近，则意味着赞同某个观点；如果站得很分开，则表示不赞同，就像磁铁的作用一样，而孩子们可以自行决定站得多近或多远。

让每个学生在同一时段表达自己的反应，能够让教师及时感受到全班的"思维方式分布"，即特定问题是否存在争议性，且争议的程度有多大，以及最多人持有的主流立场是什么（"肯定""否定""二者皆可"），等等。

我们通常会问"谁同意"或"谁不同意"？但如果你只询问其中一个问题（哪怕你同时问了这两个问题），那么你只能够触及那些同意或不同意的学生。但还有学生某种程度上同意，或既没有同意也没有不同意；或既同意又不同意或干脆有着完全不同见解或看法的学生。

在这种情况下，**拇指民意调查**就可以帮助解决问题。使用拇指（或类似的信号）来表示对某特定陈述或声明的简单立场：拇指朝上意味着"我同意"，拇指朝下意味着"我不同意"，拇指横放或其他位置则代表其他类型的立场。而"其他类型的立场"可能包括："我不知道""我不确定""二者皆可""二者都不同意""有不同见解"或"可能吧"，等等。

IDEA 88

提问策略88：举手示意
——发言人的选择

"我没有举手，我只是在挠痒痒！"（古往今来，不知道有多少个不想回答问题的学生讲过这个借口）

当你在课堂上提出一个问题之后，你是否能够接受孩子们举手示意回答？一些学校已经禁止了课堂上的"举手示意"回答活动。我们认为举手示意表示举手的人对所提出的问题有想法或有答案，然而，并不是每个有想法的学生或知道答案的学生都会举手示意，而举手示意的学生也不是每个人都能够说出（有价值的）信息。

> **·教学小贴士·**
>
> 我个人强烈建议教师们采用定期更换发言人的管理策略，因为每个方法都存在不同的倾向性或局限性，因此，通过策略的调整，我们就能够尽可能确保每个学生都有发言的机会。

我并不认为教师们应该禁止"举手示意"方法的使用，因为这个发言人选择的提问方法扮演了非常重要的辩证作用：它能够确保学生们的回答有机地联系起来，然而，如果教师们养成了不好的习惯，仅从举手示意的学生中点人回答，那么提问的效果可能最终也不尽如人意。任何发言人选择和管理的方法,不管是举手示意、随机抽取还是抽签选择等,都有着自身的偏好和短处——例如,举手示意可能会导致每次发言的都是同样的几个学生,而抽签选择则可能导致令人不满意的回答,因为被抽取的学生所提供的答案之间可能不存在任何关联,这个问题在课堂讨论发言中会尤为突出。

因此,我们可以尝试采用下面的方法来选择回答问题的人选:

举手示意!把手放下来

这是选择回答问题人选最常用的方法,而且也非常有效(详见前文论述)。但是,当孩子们举手表示想要回答问题时,他们听取他人答案或信息的能力就会被削弱,因为他们脑子里想的都是等下要说什么内容或满心期待教师点他们来回答问题,而无暇去听他人的发言。因此,我个人认为,教师应该坚持让学生们先把手放下,等一个学生回答完毕之后再举手示意。我自己的实践证明,这个做法能够提升课堂聆听的效果,还能够营造一个更为平和舒适的课堂环境。很多老师则倾向于采用其他的方法实现与举手示意相同的效果,例如:有些老师会使用"打开手掌示意"或"竖起拇指示意"等方式来表达想要回答问题的意愿。

随机抽取

很多读者可能对我们前文说到的抽签选择的方法很熟悉,即把学生们的名字写到小纸条上,然后放到盒子里,当教师想要提问学生来回答某个特定的问题时,就从盒子里抽出一张纸条,被念到名字的学生就要站起来回答问题。这个方法,顾名思义,非常随机,但因为这个方法有可能抽到那些平时不爱发言的学生,所以还是很有效果的。

学生自主选择

这个方法意味着学生在发言完毕之后,可以自己指定下一个发言人。

这就把提问人选的选择权交到了学生手上，老师也可以喘口气，但这个方法也存在一些问题：孩子们通常会选择自己的朋友来回答问题，或他们只选择跟自己同一性别的学生来回答问题。如果使用学生自主选择这个方法，教师就需要格外留意有没有出现此类问题。在学生们可以很好地控制和实施这个方法之前，教师可能还需要非常谨慎地指导和监督整个实施过程。例如，教师可以说："在你们回答完问题之后，请选择一个还没有发过言且是不同性别的同学来发言。"在实施这个方法时，学生可以举手示意，也可以不用举手示意。

其他方法简述

- **同学互助**：如果有人在回答问题时卡住了，教师可以问："有没有哪位同学能够帮助X同学回答这个问题呀？"

- **邀请发言**（个人或小组）：可以提问学生，关于老师提的问题，或其他同学的发言，有没有想要回应的信息。但要确保是以邀请的形式，而不是强迫学生发言。

- **邀请发言，但同时提出锚定—激励型问题**：如果在教师邀请发言后，学生耸耸肩没说话的话，教师可以使用锚定—激励型问题（详见提问策略38）来帮助鼓励学生发言。

- **回应检测器**：当教师需要某种回应时，这个方法将特别有用（详见提问策略83）。

- **性别交替**：交替提问男生或女生——但可以不用严格遵循"女生—男生—女生—男生"这样死板的顺序，教师只要保证回答问题的学生整体实现性别的平衡即可。

IDEA 89

提问策略89：充分利用手势语言

"我刚刚想说一些话来着,但是现在已经不记得了。"(很多举手示意回答问题的学生都这么说过)

班上学生的人数越多,想要在讨论中保持学生发言之间的辩证关系就越难(详见提问策略29)。而利用手势语言就可以解决这个问题,前提是班上学生对每个手势的含义达成了一致理解。

· 教学小贴士 ·

不要试图一次性引入大量的手势语言,应该采取循序渐进的方法。可以尝试制作一个手势语言图表并贴到教室的墙上。通过在线检索"可用于课堂的手势语言海报"找到很多案例和海报。

· 进一步拓展 ·

请学生们对自己提出的答案进行分类,教师需要先提供分类的关键描述,例如:评判型("我同意,但是……"),补充型("我同意,而且……"),推理挑战型("仅仅因为……并不意味着……"),等等。此处要感谢Andrew Day的贡献!

Part 5: Speaker selection

手势语言可以帮助教师在选取学生回答问题之前,确定接下来将会听到什么类型的答案。此外,我们应该鼓励学生们描述/分类他们即将给出的答案是什么类型,这将有助于形成对所提供答案的元认知判断。除了要考虑即将提供的答案是什么类型之外,学生们还要考虑答案可能产生什么样的影响,以及什么样的答案才是合适的(详见提问策略23)。

有些孩子可能会使用手势语言来快速响应,为自己赢得一个"抢先发言的机会",另外一些学生使用手势语言可能只是为了取悦教师,而我们能将学生提供答案的质量作为判断他们手势语言动机的线索。例如,当孩子们的手势语言与他们所提供的答案不一致时,或体现不出答案的高质量时,手势语言可能只是为了取悦老师。

下面是一些建议使用的手势语言——当然诸位教师也可以自己设计符合自己课堂的其他类型的手势语言:

- **问题**:用手比出一个Q的手势。
- **反例**(详见提问策略71):用手比出一个C的手势。
- **区分**(详见提问策略67):用手比出一个D的手势。
- **推理**(详见提问策略24):用手指敲打另外一只手的手掌。
- **对前一位发言者进行回应**:举手时单独竖起食指。
- **补充信息**:比出一个+号的手势。
- **我同意**:用右手轻拍左肩。

BUILDING CHILDREN'S QUESTIONING AND ENQUIRY SKILLS

第六部分
培养学生审辩式思维的提问能力

100
ideas for primary teachers

IDEA 90

提问策略90：与孩子一起进行哲学探究

"哲学更多要求我们理解问题，而不仅仅是提出问题。"（来自十岁的小女孩）

哲学能够帮助孩子们以反思的方式探索、提问和回答问题。

> **· 教学小贴士 ·**
>
> 开展哲学活动能够帮助教师培养开放的提问心态（详见提问策略18）。教师要避免对学生说"在哲学中，答案没有对错之分"或类似的表述（详见提问策略24）。相反地，教师应该说"哲学中可能不存在正确或错误的答案，但是你们需要基于合理的推论，判断答案的正误"。

> **· 进一步拓展 ·**
>
> 如果你想要在班上开展哲学活动，我们首先要更多地了解即将采取的方法，确保它们是最佳的实践或活动，可以阅读或点击"超值附加策略"板块提供的书籍或资源来获取更多相关信息。

P4/wC（是与孩子一起从事的哲学的简称），是一个全能术语，概括了马修·利普曼和安妮·玛格丽特·夏普（Anne Margaret Sharp）在一个探究社区中与儿童一起做哲学的教义的一般方法（详见提问策略31）。还有其他一些方法，一些与利普曼的原创作品密切相关，一些则略有不同。例如McCall的CoPI（2009），Sapere的P4/WC，Haynes和Murris（2012），Buckley和Bigglestone的《哲学圈子》(*Philosophy Circles*)（2016），Shapiro（2012），Cam（2006），Wartenberg（2014）和Worley（2011b和2015a）等人的著作和论述。

以下是主要方法的概述，但PhiE和CoPI通常由哲学家推动，而P4/WC通常由班级教师推动。

利普曼/夏普的P4C操作（儿童哲学）

1. 请一群学生阅读利普曼的哲学小说的一部分。

2. 阅读一段时间后，孩子们停止阅读，做一些练习，培养理解技能，并考虑回答随行教师从笔记本中抽取的一些问题，和孩子一起创造问题，或者让他们自己创造问题。

3. 教师利用他们工作簿中的练习、结构和问题促进学生们的讨论。

4. 在每个阶段的讨论中，孩子们都需要在下一部分重复上述程序，接着前述讨论继续开展活动。

· 超值附加策略 ·

PhiE: www.philosophy-foundation.org.

P4/wC in the UK: www.sapere.org.uk.

Lipman/Sharp P4C: Institute for the Advancement of Philosophy for Children.

IAPC: www.montclair.edu/cehs/academics/centers-and-institutes/iapc/.

McCall's CoPI: Transforming Thinking（Routledge, 2009）.

www.thinkingspace.org.uk.

www.the philosophy man.com.

https://www.teaching childrenphilosophy.org/.

P4/wC（与孩子一起从事的哲学）

1. 提供一个刺激物品，如一本图画书。

2. 学生们根据所提供的物品制定问题。

3. 将所有的问题进行排序和分类（详见提问策略97），让孩子们选择其中一个问题。

4. 教师随后以被选择的问题为基础，引导学生探讨。

CoPI（哲学探究社区）

1. 提供一个刺激物品，如一个东西。

2. 学生们根据所提供的物品制定问题。

3. 教师选择最具哲学讨论潜力的问题，并将其设置为讨论的主题。

4. 教师提供下列表述模板，让学生们根据模板发表自己的见解，确保辩证的进展和公正性。模板是："当××（学生的名字——通常不是真名）说……时，我同意/不同意，因为……"

5. 教师需要小心地引导讨论过程，以确保讨论保持适当的哲学性。

PhiE（哲学探究）

1. 提供一个刺激物品，如从哲学经典中汲取启发性的故事。

2. 要求老师或孩子提出一个精心挑选的任务问题（详见提问策略2），使课堂围绕所提供的故事进行哲学层面的讨论。

3. 开展教师引导的讨论。教师应使用本书提供的提问策略和技巧，发挥结构性的作用，确保讨论在哲学探究知识方面的要求能够得到满足。

所有这些方法都能够保证教师在引导学生通过对话（不严谨地遵循苏格拉底式提问或探讨传统）进行哲学探讨或活动的过程中，让学生保留对

第六部分：培养学生审辩式思维的提问能力

探索和对话的所有权。PhiE和CoPI主要致力于根据原因探索哲学问题和主题，而P4/WC旨在实现某些社会和政治目的，例如提升学生们扮演良好公民身份的能力。

IDEA 91

提问策略91：围绕问题进行探究

"质疑实际上就是对问题的提问。"（来自一个九岁的小学生）

以下是一些简单的质疑技巧，教师可以将它们作为让学生（以及教师自身）养成围绕问题进行思考的入门方法。

> **·教学小贴士·**
>
> 要记得锚定（详见提问策略37）主旨问题。

探究方法1：

这个探究方法采用了虚虚实实（Hokey Kokey）策略（详见提问策略63）。

任务问题1a：什么是问题？（在这里可以尝试"打破圈子"的方法，详见提问策略10）

任务问题1b：下面这些表述都是问题吗？

- 人类是不是宇宙中独一无二的存在是一个悬而未决的问题。
- 你是否介意把刀子放下来？
- 我可以看看你的护照吗？（护照检察人员说）
- "生存还是毁灭，这是个问题。"（哈姆雷特）
- 你今天怎么样啊？

第六部分：培养学生审辩式思维的提问能力

- ？

任务问题1c：如果问题是（插入来自任务问题1a的建议），那么上述表达是否属于问题？

探究方法2：

如果没有问题，世界会是什么样的？

这个问题提供了一个很好的通用型问题结构，可用于通用型探索研究，即："没有X，世界将是什么样的？"

·进一步拓展·

如果在哲学方法中使用，这些探究方法将很有效（参见提问策略90）。

探究方法3：

- 那里有多少颗星星？
- 外星人存在吗？
- 世界上有多少粒沙子？
- 谁是世界上最好的歌手？
- 死后有生命吗？
- 这个问题有答案吗？
- 心灵是否与大脑相同？
- 火炉是不是很生硬？火炉是怎么旋转和连接的？蜂房什么是？［详见Lewis Carroll的《无意义的对话》(*Jabberwocky*)］

探究方法4：

使用基于问题和提问的图画书来开展P4C探究社区的活动（详见提问

Part 6: Building children's questioning and enquiry skills

策略31和90），例如：

- 《为什么？》（*Why?*）Lindsay Camp和Tony Ross（2008）。
- 《你宁愿？》（*Would You Rather?*）John Burningham（1994）。
- 《还有一只八爪章鱼》（*Also an Octopus*）Maggie Tokuda-Hall和Benji Davies（2017）。
- 《是什么让我成为了我？》（*What Makes Me a Me?*）Ben Faulks和David Tazzyman（2017）《黑盒子》;（*The Black Box*）Albert B. Carr（1969）。

提问策略92：苏格拉底式对话圈子

"好吧，我是从第三个圈子里看待整个事情。"（在沉默地参与了一个苏格拉底式圈子交谈之后，Warnock男爵夫人表示）

这是一个强大的、通用的、元认知的教育策略，以苏格拉底命名，可能是因为这与他的哲学方法有相似之处。

· 教学小贴士 ·

这是一种以学生为中心的讨论方法，其中教师应该置身事外，扮演一个辅导员或教练的角色。

· 进一步拓展 ·

阅读Matt Copeland撰写的《苏格拉底式对话圈子》（Socratic Circles）（2005），或了解苏格拉底式研讨会的相关方法（参见维基百科）的更多信息。这两种研讨信息都强调在一个人的思维中形成元认知的"旁观者观点"。

苏格拉底式对话圈子的基本概念就是，在对话过程中，存在两个圈子，一个被称为"内圈"，一个被称为"外圈"，如下图所示。

Part 6: Building children's questioning and enquiry skills

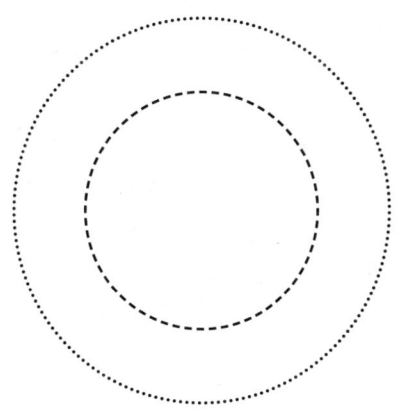

内圈代表那些参与第一阶段的关于主题、问题或研究讨论的人,例如班上围绕教师所提出的问题进行讨论的孩子们。外圈则代表那些与问题本身无关,但与第二阶段的讨论本身有关的人。

将这个原则视觉化的一个方法,是想象我们现在在拍摄一部孩子们正在讨论的电影,然后一群教育工作者观看电影并讨论电影中发生的事情。关于讨论,外圈因其自身的目标和目的的不同,将关注不同的内容和侧重点。他们关注和讨论的重点,可以是小组发言和聆听的程度、批判性思考的情况、所提问题的质量或作为引导者/监督者的教师表现如何,等等。外圈关注的态度和看法的关键是,无论他们考虑什么标准,都需要考虑和评价讨论的质量。

苏格拉底式对话圈子在课堂上非常有用,它可以帮助孩子们思考他们正在进行的讨论的质量,并帮助孩子们发展自己的提问能力(详见提问策略94)。

苏格拉底式课堂

另外一种更为正式的训练形式是,以苏格拉底式对话圈子为基础,设

第六部分：培养学生审辩式思维的提问能力

> · 教学小贴士 ·
>
> **场外指导：** 当孩子们处于外圈的位置时，教师可以指导他们完成教师所设置的任务。例如，教师可以帮助他们提出更高质量的问题，并为他们提供基本的提问结构以实现这个目标（详见提问策略94中"问题结构和起始表达"的相关信息）。在进行指导时，总是先为孩子们提供练习的机会，教师在一旁观察并做记录，然后给出反馈，并经常性地提供机会让孩子们在接受反馈的基础上再次尝试。

置苏格拉底式课堂，用于完成某些任务和活动。这要求教师和学生把教室里的桌椅按照上图的形式围成两个圈子，坐在内圈的学生需要负责参与和完成任务，例如，进行一个围绕特定问题开展的讨论。那些坐在外圈的孩子则负责观察内圈的活动，并完成教师布置的某些特定任务，他们需要准备纸笔来辅助自己完成类似的任务，确保自己能够在实施过程中做好笔记。这些任务可能包括：

- 倾听原因/论据。
- 倾听他们同意/不同意的事情。
- 为内圈学生提供问题。
- 评估讨论。

苏格拉底式学生

实施这项活动的另外一种操作是，给一个或多个学生分配外圈观察者的角色，并为他们提供纸笔，要求他们为内圈正在进行讨论的小组编制问题，或教师可以要求一个小组的部分学生提炼讨论的核心要点，并用自己的话进行简短表述。

IDEA 93

提问策略93：20个问题的竞猜游戏

"番茄不是蔬菜,因为它有种子!"(来自只有十岁的"聪明的阿列克")

这个著名的游戏能够帮助和鼓励学生们积极地思考问题。

> · 教学小贴士 ·
>
> 教师一定要克制住直接告诉孩子们应该怎么做的冲动,应该尽量通过引导的方式,帮助孩子们自己找出玩这个游戏的最佳策略。

1. 解释游戏的规则,并解释"动物""蔬菜"和"矿物质"这三个分类之间的区别。

2. 一个学生("思考者")负责想一个东西,任何东西都可以,想好之后告诉老师。

3. 然后思考者告诉班上其他学生,自己想的东西是动物、蔬菜还是矿物质。

4. 其他学生现在可以通过提出不超过20个问题来确定思考者脑子里想的是什么东西,在被提问时,思考者只能够用下面的表述来回答:

- "是";
- "不是";

第六部分：培养学生审辩式思维的提问能力

- "通常"；
- "有时候"；
- "几乎不"；
- "我不知道"。

5. 教师记录提出问题的数量，并将问题中有用的信息记录到黑板上。然后定期询问："你在提完这个问题之后，能不能确定思考者想的是什么东西呢？"

6. 一旦20个问题被问完之后，每个人都有一次机会来说出他们对于物体的想法。

7. 揭示谜底。

在游戏结束之后，带着学生们一起反思游戏的过程：

1. 教师提问学生：

（1）你们的答案接近真实的谜底吗？

（2）你们提出的问题是有效的问题吗？

（3）在下一次游戏中，你们要怎么样提高问题的效用呢？

（4）有没有哪个问题特别有用或有效？（它们是什么？为什么它们特别有用或有效）

（5）有没有哪些问题没什么用或没有效果？（它们是什么？为什么它们特别无用或无效？可以讨论一下）

2. 将下面两个问题写到黑板上（我选择使用这两个问题，而不是游戏过程中孩子们自己想出来的问题，是因为我不想占用孩子们通过提问来揭示谜底的机会）：

> · 进一步拓展 ·
>
> 我们可以通过下面的方法增加游戏的难度：
> · 加入抽象的事物；
> · 减少可以提出问题的数量；
> · 鼓励学生挑战问题数量的记录，尽可能用最少的问题猜出谜底。

（1）它能吃吗？

（2）它是胡萝卜吗？

然后提问学生：

（1）在"20个问题竞猜游戏"中，这两个问题能不能算是好问题？

（2）如果谜底就是"胡萝卜"，那么上面的第二个问题能不能算是一个好问题？

3. 如果思考者回答说"不是"，那么这是不是意味着我们提出的问题不是好问题？

4. 在"20个问题"中，什么样的问题算是好问题？而什么样的问题算是糟糕的问题呢？

IDEA 94

提问策略94：来自学生的问题

"你的头发是染成了灰色吗？"（一个六岁的学生向我提出了这样一个问题）

思考你的问题很重要，但思考如何让学生们主动发问也同样重要。

· 教学小贴士 ·

充分利用讨论时间（详见提问策略84）和苏格拉底式对话圈子（详见提问策略92）来明确而系统地让孩子们发问。

· 进一步拓展 ·

点击下面链接，了解更多关于问题组织的技巧（QFT）：www.rightquestion.org。

我相信每个老师都遭遇过这样的情况，当你问全班学生"还有什么问题吗"时，回应你的通常是一片沉默，或七嘴八舌提出各类无关的问题。下面这些策略能够帮助学生们提出更高质量的问题。

很多老师都有这样的经验，问你的班级"有什么问题吗"？得到的回应通常是一阵沉默，或者走向完全不同的方向，这个想法将提供一些方法让孩子们提出更好的问题。

儿童哲学（P4C）

P4C是一个教学法（参见提问策略90），它已经设计出一系列方法鼓励孩子们自己提出问题。这些方法和策略也可以在儿童哲学领域之外使用，并帮助孩子们自己想出问题，其中最有效的一个办法被称为"问题象限"（详见提问策略97）。

问题结构和起始表达

在讨论或教学过程中要求孩子们相互提问时，经常遇到的一个困难是孩子们往往用问题来表达自己的观点，例如，"你为什么会认为这必须是X，因为我认为……"帮助孩子们解决这个问题的一个办法是（在适当的时候）规定他们不得在相互提问时表达自己的观点。另外一个办法是为孩子们提供固定的问题结构和起始表述，例如我们在提问策略41中看到的那些表述。将这些问题的基本结构张贴到教室的墙上有两个作用：提醒教师有哪些开放式的提问策略可以使用，在学生相互提问的时候吸引他们的注意力和提供要点。

· 超值附加策略 ·

阅读Matthew H. Bowker（2010；开放资源）的文章《教会学生提问，不要直接回答他们》(Teaching students to ask questions instead of answering them)。

手势提示或卡片提示

教师可以尝试用手势提醒学生应该进行提问，例如做出Q的手势或用手比出一个"？"号。我们可以用一只手的拇指和食指比出一个圆圈，然后用另外一只手的食指穿过圆圈来表示Q；或用一只手的拇指和食指比出

第六部分：培养学生审辩式思维的提问能力

一个C然后用另外一只手的食指在下面比出一条竖线，构成"？"的形式。这些手势能够帮助我们在相关问题出现时立即识别和解决，而不用留到讨论结束之后再处理。或者，教师可以选择给每个学生提供一张问题卡（即卡片上印着问号），当学生们有问题时，就可以举起问题卡示意。卡片也可以用于表达其他类型的反应，例如"同意/不同意卡"；补充说明卡（"我同意，而且……"）、"评判卡"（"我同意，但是……"），等等。感谢Andrew Day提出的这些建议。

通过提问来激励学生

我在哲学基金会的一位同事，安德鲁·戴（Andrew Day）已经找到了一个有效激发孩子们提问兴趣的好办法。下面是我个人基于安德鲁的原则总结的经验：

以激励学生提问的方式来进行教学，问题的答案就是你要教授的内容。

安德鲁给出的例子是标点符号的教学。首先，安德鲁研究了标点符号的历史，看是否存在需要事先介绍的信息或内容。他在研究中发现，标点符号最早被古希腊剧作家用来提示语言中的停顿，让表演者在表演的过程中知道什么时候应该停下来。他以此为灵感设计了下面的教学方案，为孩子们写了一个简短的话剧对白，但却没有使用任何标点符号。因为没有标点符号，理解对白的含义就变得很困难。在这种情况下，标点符号就成了解决问题的关键。以此作为课程的导入内容，孩子们就能够意识到标点符号的有用性、必要性和实用性（参见提问策略26）。

临场提问

通常，最好的问题往往在讨论过程中提出，而不是事先准备的（详见提问策略5）。

IDEA 95

提问策略95：10个问题的数字竞猜游戏

"我知道18是正确的答案，答案肯定是这个。因为它是一个偶数，而且比20小，还能够被9整除。"（八岁的小女生通过推理得到了很确定的答案）

这是一个与"20个问题竞猜游戏"类似的游戏，称为"10个问题"，但主要针对数字进行游戏。

·教学小贴士·

这个和其他逻辑游戏的关键提问策略是"如果式问题——锚定主题——启发式提问"（详见提问策略43）和"问题X"（详见提问策略17）。

·进一步拓展·

想要了解更多逻辑相关的游戏，请参与Robert Fisher的《思维游戏》(*Games for Thinking*)（1997）和哲学基金会网站：www.philosophy-foundation.org（会员板块——免费资源）。

1. 首先确定一个数字范围（例如1到10，1到100或1到1000，等等），具体的范围应视孩子们的年龄、能力和经验而定。

2. 写下一个范围内的数字，记住这个数字，然后把它装进密封的信封里。

3. 告诉学生们，他们只有10个提问的机会来确定这个数字是什么，而教师回答问题时只能说"是"或者"不是"。

4. 记录提出的问题的数量并且把所有有用的信息都写到黑板上，供全班学生查看。

5. 在学生们问完10个问题之后，请每个学生说出他们猜测的答案，并陈述自己的理由。请学生们自己评价一下确定的程度（从1分到10分），然后让他们对答案进行简短的讨论，教师要特别关注那些给定答案的认同或驳斥的理由。

参照提问策略93中的建议来反思整个游戏的效果。

IDEA 96

提问策略96：问题接龙
——在游戏中学会提问

"在这个情况下，问题应该尽可能复杂而冗长。"

这是大卫·夏皮罗（David Shapiro）在《柏拉图错了》（*Plato Was Wrong!*）（2012）中设计的一项活动（以及许多其他活动）的改编版。它提供了一个很好的机会，来解释问题作为一种形式的结构。

· 教学小贴士 ·

教师可以要求学生们为讨论设计问题。在一开始就应该规定学生们应该尝试设计什么样的问题：科学？数学？哲学？就哲学或P4C问题而言，所设计的问题中涉及的任何名词都必须是抽象名词。如果学生们不知道什么叫作抽象名词，教师就需要先做基本的介绍。为了拓展这一练习，教师可以要求孩子们扮演"抽离"的角色，严谨地确定问题是否具备意义或是否符合教师的要求。例如教师可以提问："X问题怎么样？"然后孩子们必须就此展开讨论，并通过论证得出自己的结论。例如他们可以说："这的确是X问题，因为……"

1. 请班上学生或小组成员站成一个圆圈。

2. 要求学生在设计问题时，按照圆圈顺序，每个人在前面同学的基础上添加一个词。例如，第一个学生可以说"谁"，然后第二个学生说"是"，第三个学生说"的"，等等，以此类推，所有人添加词的基本原则是必须符合问题的结构且连起来要有意义。因此，最后形成的句子肯定不能是"谁/香肠/什么/时候/曲线/无处可去"？但可以是"宇宙有没有重点"或"有没有精疲力竭的周三"（当然，最后一个例子在结构层面是合理的，但在内容层面则存在一些问题——但这也是启发学生进行讨论的一个绝佳切入点）!

3. 在问题完成后（确保问题具有意义且可以被认定为完成），转了一圈回到第一个说词的学生时，他/她可以拍掌表示问题已经完成。当然，他们可以自己决定是否要拍掌提示。如果他们没有拍掌，那么游戏继续，直到下一次轮到这个学生再次拍掌。

4. 如果学生选择拍手结束问题，请计算有多少个单词。

5. 再玩一次，这次的目的是打破上一个问题中的单词数量的记录，但请记住：它必须是一个问题，它必须有意义。

IDEA 97

提问策略97：问题象限
——教学生提出高质量问题

"如果我们能够教会（孩子们）提出更高质量的问题就好了……"
（Philip Cam）

这是一种有用（且改造性特别强）的方法，供教师和儿童在制定问题后对问题进行排序。它是由Philip Cam在其著作《二十个思维工具》（*Twenty Thinking Tools*）（2006）中提出的。最初的设计用于探究性社区和P4C，它在创造型教师手中有更广泛的应用。

· 教学小贴士 ·

Cam建议我们将问题象限贴到教室地板上，然后在卡片上写出各个标签。

问题象限通常将问题分为以下几个类型：

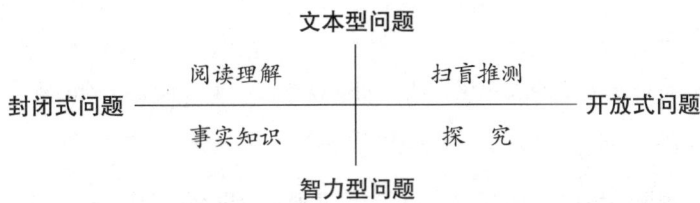

改编自：Cam, P.《二十个思维工具》（*Twenty Thinking Tools*）（2006）。墨尔本：ACER出版社，第34页。

第六部分：培养学生审辩式思维的提问能力

这对于教师来说，是个很好用的问题分类工具，但对于学生来说，可能难以掌握和运用，因此Cam建议使用以下或类似的替代表述方式：

- **封闭式问题**："只有一个正确答案。"
- **开放式问题**："可能有很多种可能性。"
- **阅读理解**："看或发现问题"或"答案就在书中"。
- **事实知识**："询问专家"或"询问知道答案的人"。
- **扫盲推测**："运用你的想象力"。
- **探究**："思考问题"或"你真的要考虑它。"

· 进一步拓展 ·

教师们也可以根据自己独特的教学目的调整这个象限来运用。例如，你可能要求孩子们按照主题将问题进行分类。例如：科学/历史/哲学/其他，等等，或将一个大类型的问题分成不同的子类别。例如：不同类型的事实问题（详见提问策略8），教师们大可充分发挥自己的想象力。

我个人建议使用问题象限的流程如下（与提问策略62中的思考、分组、发言、分享策略结合使用）：

1. 要求每个孩子针对教师提供的主题设计一个问题。

2. 将孩子分成两人一组，然后以小组为单位按照教师提供的标准选择一个问题。

3. 将孩子分成四人一组，然后同样以小组为单位按照教师的要求选择一个问题。

4. 每个小组选定的问题应该提交给教师并写出来让全班同学看到。

Part 6: Building children's questioning and enquiry skills

5. 学生们按照教师设计的问题象限对所有问题进行分类，同时提供分类的理由。

6. 接下来进行所有能够帮助实现既定教学目标的操作或活动。

IDEA 98

提问策略98：只准提问不准回答

罗森克兰茨（R）：你在计算吗？

葛得斯特恩（G）：什么？

R：你在数吗？

G：犯规！不能重复同一个问题。

[选自Tom Stoppard的《罗森克兰茨和葛得斯特恩都死了》（*Rosencrantz and Guildenstern are Dead*）（1973）]

这是罗伯特·费舍尔（Robert Fisher）在《游戏思维》（*Games for Thinking*）（1997）中对游戏进行的课堂改编，在这本书中你会发现更多与提问相关的游戏。

> **· 教学小贴士 ·**
>
> 辩护者游戏：可以请一个或一组学生扮演辩护者的角色，捍卫一个陈述，而其他的学生则通过提问方式来挑战这个陈述。挑战者只可以用提问的方式来挑战，而辩护者必须回答挑战者提出的问题（参见提问策略19中的"回应的权利和适当的考虑"相关信息。）

1. 将班级分为两组。

2. 为他们提供一个背景信息，例如"你在超市"或"你在月球上"。

Part 6: Building children's questioning and enquiry skills

3. 投掷硬币决定哪支队伍先开始。

4. 一个人——团队中的任一成员——向另外一组提出问题。

5. 转向另一个团队,让该团队中的某个人用一个新的问题来回答对方提出的问题。

6. 以这种方式在两队之间进行交替。

7. 如果团队没能以问题回答一个问题(或提出一个可接受的问题),或者他们没能尽快回答,那么该团队就应该有一个成员坐下来。

当他们玩更多次这个游戏并掌握游戏的玩法时,请引入更严格的规则。例如,要确定某个问题是否可以接受,教师可以坚持下面的判断原则:

- 问题必须与提出的问题有关,例如"你喜欢月亮吗"或者"你说的'喜欢'是什么意思"?

- 问题不能仅仅是前一个问题的重复,例如,"你为什么来这里"和"你为什么来这里"?

- 学生不能使用修辞("当月球不适合居住时,你怎么能喜欢月亮")类问题,尽管它们以问题的形式出现,但它不是用来提问,而是用来说明某个观点。

IDEA 99

提问策略99：问题墙与问题盒子
——收集学习策略

"盒子的内部是不能变得更大的！"（神秘博士的同伴）

为教室设置一个"问题盒子"或设置一个"问题/思考/策略墙"或"角落"，在这里我们可以展示、存储、收集和分发问题、思考工具或学习策略。

· 教学小贴士 ·

在收集问题之后，我们就需要对问题进行分类（参见提问策略97）。

· 超值附加策略 ·

《达·芬奇的10个问题》(*Leonardo Da Vinci's 10 Questions*)：达·芬奇这个著名的文艺复兴时期的大师，会对任何引起他兴趣的事情提出一些问题。教师可以参照这个做法，随意抽取一个物品，例如冰块，然后要求每个学生或小组写出十个与这个物品相关的问题。而且，他们必须回答这些问题［想法来自Michael Gelb的《像达·芬奇一样思考》(*Think Like Da Vinci*)(2009)］。

问题盒子

我们可以使用问题盒子来：

- 装一系列准备好的问题；
- 从课堂上收集问题；
- 筛选问题，例如在向全班学生宣读之前将不合适的问题筛选出来；
- 收集匿名问题；
- 随机选择一个问题进行讨论/回答。

匿名问题/答案

有时候，我们提出的与道德相关的问题（详见提问策略12）很难得到诚实的回答，这可能是因为学生纠结于自我意识，或他们认为自己可能会因为诚实地回答问题而陷入困境。如果是这样，教师可以要求学生们在一张纸上不记名地写下自己的答案。

问题墙

这可以是教室墙面上的一个空间，中间写着中心问题/主题/讨论对象，等等，边上提供便签本。教师可以允许学生们在便签本上写下自己的问题/答案，然后将它们贴到墙上。"问题墙"也可以是一个提出问题的起点和结构的地方（参见提问策略94）。关于何时可以使用问题/策略墙/盒子，我在本书中已经提供了一些建议（例如在提问策略48、58和100中）。

提问策略100：元认知问题
——学会学习

"'学会学习'是一个毫无意义的表述，就好像'通过吃学会吃'那样。"（时代教育资源推特用户的言论）

"元认知"是一个我们在教育界经常听到的词，尽管我们很多时候不知道它到底指的是什么意思。但是，在我们真正理解元认知之后，它就能够成为一个非常有用的策略。在这个词中，"认知"与思想/思维和知识有关，而"元"则指的是"之外"或"超越"。有时候人们将元认知描述为"关于思考的思考"或"关于学习的学习"。这些理解很有用，但我还想补充一点："以提高为目的。"

> **· 教学小贴士 ·**
>
> 我们在课上跟学生讲过的所有策略都应该展示在问题墙/策略墙上（详见提问策略99），这样当我们提出第四个问题时，就可以让学生到问题墙/策略墙上去寻找相关的资源。

元认知问题的提问阶段包括：

- 引起注意！例如："我/他们很困惑！"
- 监控流程！例如："当我/他们感到困惑时，会发生什么？"

Part 6: Building children's questioning and enquiry skills

> **· 进一步拓展 ·**
>
> 当学生们已经能够习惯性地回答问题1到问题4，我们可以尝试在提出任务问题之前先提出下列问题：
> "你认为我们如何才能最好地回答问题（或解决这个问题）？"
> 然后，在学生尝试通过回答问题1到问题4来解决任务问题之后，教师可以请学生们自行评估自己所给出答案的质量。

■ **分析**！例如："我/他们为什么会感到困惑？我/他们应该感到困惑吗？我/他们能够明白吗？"

■ **评估**！例如："我/他们的困惑是一种恶习还是一种美德？""他们的困惑是因为我做了什么事情吗？"

■ **策略**！例如："我可以做什么来解决我/他们的困惑？"

重要的是，我们要将元认知和元认知问题的使用视为对学生和教师自身的指导，而我们的最终目标是，让孩子们能够自己提问这些问题（参见提问策略28）。教师可以提问以下这些非常有用的循序渐进性的问题：

1. 我们回答了问题/提问吗？如果没有，原因是什么？

2. 我们是否更接近（取得进展）问题的答案？如果真是这样，那么是以哪种方式？如果没有，原因又是什么呢？

3. 我们如何才能更好地回答/提供问题的答案？

4. 我们可能会采用哪些具体策略来做到这一点？我们怎样才能使用它们？

"常青藤"书系—中青文教师用书总目录

	书名	书号	定价
	特别推荐——从优秀到卓越系列		
★	从优秀教师到卓越教师：极具影响力的日常教学策略	9787515312378	33.80
★	从优秀教学到卓越教学：让学生专注学习的最实用教学指南	9787515324227	39.90
★	从优秀学校到卓越学校：他们的校长在哪些方面做得更好	9787515325637	33.80
★	卓越课堂管理（中国教育新闻网2015年度"影响教师的100本书"）	9787515331362	88.00
	名师新经典/教育名著		
	在芬兰中小学课堂观摩研修的365日	9787515363608	49.00
★	马文·柯林斯的教育之道：通往卓越教育的路径（《中国教育报》2019年度"教师喜爱的100本书"，中国教育新闻网"影响教师的100本书"。朱永新作序，李希贵力荐）	9787515355122	49.80
★	如何当好一名学校中层：快速提升中层能力、成就优秀学校的31个高效策略	9787515346519	49.00
★	像冠军一样教学：引领学生走向卓越的62个教学诀窍	9787515343488	49.00
	像冠军一样教学2：引领教师掌握62个教学诀窍的实操手册与教学资源	9787515352022	68.00
★	如何成为高效能教师	9787515301747	89.00
★	给教师的101条建议（第三版）（《中国教育报》"最佳图书"奖）	9787515342665	33.00
★	改善学生课堂表现的50个方法（入选《中国教育报》"影响教师的100本书"）	9787500693536	33.00
	改善学生课堂表现的50个方法操作指南：小技巧获得大改变	9787515334783	29.00
	优秀教师一定要知道的17件事	9787515342726	23.00
	美国中小学世界历史读本/世界地理读本/艺术史读本	9787515317397等	106.00
	美国语文读本1—6	9787515314624等	252.70
	和优秀教师一起读苏霍姆林斯基	9787500698401	27.00
	快速破解60个日常教学难题	9787515339320	39.90
★	美国最好的中学是怎样的——让孩子成为学习高手的乐园	9787515344713	28.00
	建立以学习共同体为导向的师生关系：让教育的复杂问题变得简单	9787515353449	33.80
	教师成长/专业素养		
	卓越教师工具包：帮你顺利度过从教的前5年	9787515361345	49.00
★	可见的学习与深度学习：最大化学生的技能、意志力和兴奋感	9787515361116	45.00
	学生教给我的17件重要的事：带给你爱、勇气、坚持与创意的人生课堂	9787515361208	39.80
★	教师如何持续学习与精进	9787515361109	39.00
	从实习教师到优秀教师	9787515358673	39.90
	像领袖一样教学：改变学生命运，使学生变得更好（中国教育新闻网2015年度"影响教师的100本书"）	9787515355375	49.00
★	你的第一年：新教师如何生存和发展	9787515351599	33.80
	教师精力管理：让教师高效教学，学生自主学习	9787515349169	28.00
	如何使学生成为优秀的思考者和学习者：哈佛大学教育学院课堂思考解决方案	9787515348155	39.80
	反思性教学：一个已被证明能让教师做到更好的培训项目（30周年纪念版）	9787515347837	49.00
★	凭什么让学生服你：极具影响力的日常教育策略（中国教育新闻网2017年度"影响教师的100本书"）	9787515347554	28.00
	运用积极心理学提高学生成绩（中国教育新闻网2017年度"影响教师的100本书"）	9787515345680	39.80
	可见的学习与思维教学：成长型思维教学的54个教学资源：教学资源版	9787515354743	36.00
★	可见的学习与思维教学：让教学对学生可见，让学习对教师可见（中国教育报2017年度"教师最喜爱的100本书"）	9787515345000	29.80

	书名	书号	定价
	教学是一段旅程：成长为卓越教师你一定要知道的事	9787515344478	39.00
	安奈特·布鲁肖写给教师的101首诗	9787515340982	35.00
	万人迷老师养成宝典学习指南	9787515340784	28.00
	中小学教师职业道德培训手册：师德的定义、养成与评估	9787515340777	32.00
	成为顶尖教师的10项修炼（中国教育新闻网2015年度"影响教师的100本书"）	9787515334066	35.00
★	T.E.T.教师效能训练：一个已被证明能让所有年龄学生做到最好的培训项目（30周年纪念版）（中国教育新闻网2015年度"影响教师的100本书"）	9787515332284	49.00
	教学需要打破常规：全世界最受欢迎的创意教学法（中国教育新闻网2015年度"影响教师的100本书"）	9787515331591	45.00
	给幼儿教师的100个创意：幼儿园班级设计与管理	9787515330310	39.90
	给小学教师的100个创意：发展思维能力	9787515327402	29.00
	给中学教师的100个创意：如何激发学生的天赋和特长 / 杰出的教学 / 快速改善学生课堂表现	9787515330723等	87.90
	以学生为中心的翻转教学11法	9787515328386	29.00
	如何使教师保持职业激情	9787515305868	29.00
★	如何培训高效能教师：来自全美权威教师培训项目的建议	9787515324685	39.90
	良好教学效果的12试金石：每天都需要专注的事情清单	9787515326283	29.90
★	让每个学生主动参与学习的37个技巧	9787515320526	45.00
	给教师的40堂培训课：教师学习与发展的最佳实操手册	9787515352787	39.90
	提高学生学习效率的9种教学方法	9787515310954	27.80
★	优秀教师的课堂艺术：唤醒快乐积极的教学技能手册	9787515342719	26.00
★	万人迷老师养成宝典（第2版）（入选《中国教育报》"2010年影响教师的100本书"）	9787515342702	39.00
	高效能教师的9个习惯	9787500699316	26.00
课堂教学/课堂管理			
	男孩不难教：男孩学业、态度、行为问题的新解决方案	9787515364827	49.00
★	高度参与的线上线下融合式教学设计：极具影响力的备课、上课、练习、评价项目教学法	9787515364438	49.00
	跨学科项目式教学：通过"+1"教学法进行计划、管理和评估	9787515361086	49.00
	课堂上最重要的56件事	9787515360775	35.00
★	全脑教学与游戏教学法	9787515360690	39.00
★	深度教学：运用苏格拉底式提问法有效开展备课设计和课堂教学	9787515360591	49.90
★	一看就会的课堂设计：三个步骤快速构建完整的课堂管理体系	9787515360584	39.90
	如何有效激发学生学习兴趣	9787515360577	38.00
	如何解决课堂上最关键的9个问题	9787515360195	49.00
	多元智能教学法：挖掘每一个学生的最大潜能	9787515359885	39.90
★	探究式教学：让学生学会思考的四个步骤	9787515359496	39.00
	课堂提问的技术与艺术	9787515358925	49.00
	如何在课堂上实现卓越的教与学	9787515358321	49.00
	基于学习风格的差异化教学	9787515358437	39.90
★	如何在课堂上提问：好问题胜过好答案	9787515358253	39.00
★	高度参与的课堂：提高学生专注力的沉浸式教学	9787515357522	39.90
	让学习变得有趣	9787515357782	39.00

	书名	书号	定价
★	如何利用学校网络进行项目式学习和个性化学习	9787515357591	39.90
	基于问题导向的互动式、启发式与探究式课堂教学法	9787515356792	49.00
	如何在课堂中使用讨论：引导学生讨论式学习的60种课堂活动	9787515357027	38.00
	如何在课堂中使用差异化教学	9787515357010	39.90
★	如何在课堂中培养成长型思维	9787515356754	39.90
	每一位教师都是领导者：重新定义教学领导力	9787515356518	39.90
★	教室里的1-2-3魔法教学：美国广泛使用的从学前到八年级的有效课堂纪律管理	9787515355986	39.90
	如何在课堂中使用布卢姆教育目标分类法	9787515355658	39.00
	如何在课堂上使用学习评估	9787515355597	39.00
	7天建立行之有效的课堂管理系统：以学生为中心的分层式正面管教	9787515355269	29.90
	积极课堂：如何更好地解决课堂纪律与学生的冲突	9787515354590	38.00
	设计智慧课堂：培养学生一生受用的学习习惯与思维方式	9787515352770	39.00
	追求学习结果的88个经典教学设计：轻松打造学生积极参与的互动课堂	9787515353524	39.00
	从备课开始的100个课堂活动设计：创造积极课堂环境和学习乐趣的教师工具包	9787515353432	33.80
	老师怎么教，学生才能记得住	9787515353067	48.00
	多维互动式课堂管理：50个行之有效的方法助你事半功倍	9787515353395	39.80
	智能课堂设计清单：帮助教师建立一套规范程序和做事方法	9787515352985	49.90
	提升学生小组合作学习的56个策略：让学生变得专注、自信、会学习	9787515352954	29.90
	快速处理学生行为问题的52个方法：让学生变得自律、专注、爱学习	9787515352428	39.00
	王牌教学法：罗恩·克拉克学校的创意课堂	9787515352145	39.80
	让学生快速融入课堂的88个趣味游戏：让上课变得新颖、紧凑、有成效	9787515351889	39.00
★	如何调动与激励学生：唤醒每个内在学习者（李希贵校长推荐全校教师研读）	9787515350448	39.80
	合作学习技能35课：培养学生的协作能力和未来竞争力	9787515340524	59.00
	基于课程标准的STEM教学设计：有趣有料有效的STEM跨学科培养教学方案	9787515349879	68.00
	如何设计教学细节：好课堂是设计出来的	9787515349152	39.00
	15秒课堂管理法：让上课变得有料、有趣、有秩序	9787515348490	49.00
	混合式教学：技术工具辅助教学实操手册	9787515347073	39.80
	从备课开始的50个创意教学法	9787515346618	39.00
	中学生实现成绩突破的40个引导方法	9787515345192	33.00
	给小学教师的100个简单的科学实验创意	9787515342481	39.00
	老师如何提问，学生才会思考	9787515341217	33.80
	教师如何提高学生小组合作学习效率	9787515340340	39.00
	卓越教师的200条教学策略	9787515340401	49.90
	中小学生执行力训练手册：教出高效、专注、有自信的学生	9787515335384	33.80
	从课堂开始的创客教育：培养每一位学生的创造能力	9787515342047	33.00
	提高学生学习专注力的8个方法：打造深度学习课堂	9787515333557	35.00
	改善学生学习态度的58个建议	9787515324067	36.00
★	全脑教学（中国教育新闻网2015年度"影响教师的100本书"）	9787515323169	38.00
★	全脑教学与成长型思维教学：提高学生学习力的92个课堂游戏	9787515349466	39.00
★	哈佛大学教育学院思维训练课	9787515325101	36.00
	完美结束一堂课的35个好创意	9787515325163	28.00
	如何更好地教学：优秀教师一定要知道的事	9787515324609	36.00

书名	书号	定价
带着目的教与学	9787515323978	28.00
★ 美国中小学生社会技能课程与活动（学前阶段/1-3年级/4-6年级/7-12年级）	9787515322537等	153.80
彻底走出教学误区：开启轻松智能课堂管理的45个方法	9787515322285	28.00
破解问题学生的行为密码：如何教好焦虑、逆反、孤僻、暴躁、早熟的学生	9787515322292	36.00
13个教学难题解决手册	9787515320502	28.00
★ 让学生爱上学习的165个课堂游戏	9787515319032	39.00
美国学生游戏与素质训练手册：培养孩子合作、自尊、沟通、情商的103种教育游戏	9787515325156	49.00
老师怎么说，学生才会听	9787515312057	39.00
快乐教学：如何让学生积极与你互动（入选《中国教育报》"影响教师的100本书"）	9787500696087	29.00
★ 老师怎么教，学生才会提问	9787515317410	29.00
★ 快速改善课堂纪律的75个方法	9787515313665	28.00
★ 教学可以很简单：高效能教师轻松教学7法	9787515314457	39.00
好老师可以避免的20个课堂错误（入选《中国教育报》"影响教师的100本图书"）	9787500688785	39.90
好老师应对课堂挑战的25个方法（《给教师的101条建议》作者新书）	9787500699378	25.00
★ 好老师激励后进生的21个课堂技巧	9787515311838	39.80
★ 开始和结束一堂课的50个好创意	9787515312071	29.80
好老师因材施教的12个方法（美国著名教师伊莉莎白"好老师"三部曲）	9787500694847	22.00
★ 如何打造高效能课堂	9787500680666	29.00
合理有据的教师评价：课堂评估衡量学生进步	9787515330815	29.00
班主任工作/德育		
★ 北京四中8班的教育奇迹	9787515321608	36.00
★ 师德教育培训手册	9787515326627	29.80
中小学教师职业道德培训手册：师德的定义、养成与评估	9787515340777	32.00
★ 好老师征服后进生的14堂课（美国著名教师伊莉莎白"好老师"三部曲）	9787500693819	39.90
优秀班主任的50条建议：师德教育感动读本（《中国教育报》专题推荐）	9787515305752	23.00
学校管理/校长领导力		
★ 学校管理最重要的48件事	9787515361055	39.80
重新设计学习和教学空间：设计利于活动、游戏、学习、创造的学习环境	9787515360447	49.90
重新设计一所好学校：简单、合理、多样化地解构和重塑现有学习空间和学校环境	9787515356129	49.00
让樱花绽放英华	9787515355603	79.00
学校管理者平衡时间和精力的21个方法	9787515349886	29.00
校长引导中层和教师思考的50个问题	9787515349176	29.00
如何定义、评估和改变学校文化	9787515340371	29.80
优秀校长一定要做的18件事（入选《中国教育报》"2009年影响教师的100本书"）	9787515342733	39.90
学科教学/教科研		
人大附中整本书阅读取胜之道：让阅读与作文双赢	9787515364636	59.90
北京四中语文课：千古文章	9787515360973	59.00
北京四中语文课：亲近经典	9787515360980	59.00
从备课开始的56个英语创意教学：快速从小白老师到名师高手	9787515359878	49.90
美国学生写作技能训练	9787515355979	39.90
《道德经》妙解、导读与分享（诵读版）	9787515351407	49.00
京沪穗江浙名校名师联手教你：如何写好中考作文	9787515356570	49.90

	书名	书号	定价
	京沪穗江浙名校名师联手授课：如何写好高考作文	9787515356686	49.80
★	人大附中中考作文取胜之道	9787515345567	39.80
★	人大附中高考作文取胜之道	9787515320694	33.80
★	人大附中学生这样学语文：走近经典名著	9787515328959	33.80
	四界语文（入选《中国教育报》2017年度"教师喜爱的100本书"）	9787515348483	49.00
	让小学一年级孩子爱上阅读的40个方法	9787515307589	39.90
	让学生爱上数学的48个游戏	9787515326207	26.00
	轻松100课教会孩子阅读英文	9787515338781	88.00
情商教育/心理咨询			
	9节课，教你读懂孩子：妙解亲子教育、青春期教育、隔代教育难题	9787515351056	39.80
★	学生版盖洛普优势识别器（独一无二的优势测量工具）	9787515350387	169.00
	与孩子好好说话（获"美国国家育儿出版物（NAPPA）金奖"）	9787515350370	39.80
	中小学心理教师的10项修炼	9787515309347	36.00
★	别和青春期的孩子较劲（增订版）（入选《中国教育报》"2009年影响教师的100本书"）	9787515343075	28.00
★	100条让孩子胜出的社交规则	9787515327648	28.00
	守护孩子安全一定要知道的17个方法	9787515326405	32.00
幼儿园/学前教育			
	中挪学前教育合作作式学习：经验·对话·反思	9787515364858	79.00
	幼小衔接听读能力课	9787515364643	33.00
	用蒙台梭利教育法开启0～6岁男孩潜能	9787515361222	45.00
	德国幼儿的自我表达课：不是孩子爱闹情绪，是她/他想说却不会说！	9787515359458	59.00
	德国幼儿教育成功的秘密：近距离体验德国学前教育理念与幼儿园日常活动安排	9787515359465	49.80
	美国儿童自然拼读启蒙课：至关重要的早期阅读训练系统	9787515351933	49.80
	幼儿园30个大主题活动精选：让工作更轻松的整合技巧	9787515339627	39.80
★	美国幼儿教育活动大百科：3-6岁儿童学习与发展指南用书 科学/艺术/健康与语言/社会	9787515324265等	600.00
	蒙台梭利早期教育法：3-6岁儿童发展指南（理论版）	9787515322544	29.80
	蒙台梭利儿童教育手册：3-6岁儿童发展指南（实践版）	9787515307664	33.00
★	自由地学习：华德福的幼儿园教育	9787515328300	29.90
	赞美你：奥巴马给女儿的信	9787515303222	19.90
	史上最接地气的幼儿书单	9787515329185	39.80
教育主张/教育视野			
	学习的科学：每位教师都应知道的77项教育研究成果	9787515364094	59.00
	真实性学习：如何设计体验式、情境式、主动式的学习课堂	9787515363769	49.00
	哈佛前1%的秘密（俞敏洪、成甲、姚梅林、张梅玲推荐）	9787515363349	59.90
	基于七个习惯的自我领导力教育设计：让学校育人更有道，让学生自育更有根	9787515362809	69.00
	终身学习：让学生在未来拥有不可替代的决胜力	9787515360560	49.90
	颠覆性思维：为什么我们的阅读方式很重要	9787515360393	39.90
	如何教学生阅读与思考：每位教师都需要的阅读训练手册	9787515359472	39.00
	"互联网+"时代，如何做一名成长型教师	9787515340302	29.90
	教出阅读力	9787515352800	39.90
	为学生赋能：当学生自己掌控学习时，会发生什么	9787515352848	33.00

	书名	书号	定价
	如何用设计思维创意教学：风靡全球的创造力培养方法	9787515352367	39.80
	如何发现孩子：实践蒙台梭利解放天性的趣味游戏	9787515325750	32.00
	如何学习：用更短的时间达到更佳效果和更好成绩	9787515349084	49.00
	教师和家长共同培养卓越学生的10个策略	9787515331355	27.00
★	如何阅读：一个已被证实的低投入高回报的学习方法	9787515346847	39.00
★	芬兰教育全球第一的秘密（钻石版）(《中国教育报》等主流媒体专题推荐）	9787515359922	59.00
	世界最好的教育给父母和教师的45堂必修课（《芬兰教育全球第一的秘密》2）	9787515342696	28.00
★	杰出青少年的7个习惯（精英版）	9787515342672	39.00
★	杰出青少年的7个习惯（成长版）	9787515335155	29.00
★	杰出青少年的6个决定（领袖版）（全国优秀出版物奖）	9787515342658	49.90
★	7个习惯教出优秀学生（第2版）（全球畅销书《高效能人士的七个习惯》教师版）	9787515342573	39.90
	学习的科学：如何学习得更好更快（入选中国教育网2016年度"影响教师的100本书"）	9787515341767	39.80
	杰出青少年构建内心世界的5个坐标（中国青少年成长公开课）	9787515314952	59.00
★	跳出教育的盒子（第2版）（美国中小学教学经典畅销书）	9787515344676	35.00
	夏烈教授给高中生的19场讲座	9787515318813	29.90
★	学习之道：美国公认经典学习书	9787515342641	39.00
★	翻转学习：如何更好地实践翻转课堂与慕课教学（中国教育新闻网2015年度"影响教师的100本书"）	9787515334837	32.00
	翻转课堂与慕课教学：一场正在到来的教育变革	9787515328232	26.00
	翻转课堂与混合式教学：互联网+时代，教育变革的最佳解决方案	9787515349022	29.80
	翻转课堂与深度学习：人工智能时代，以学生为中心的智慧教学	9787515351582	29.80
★	奇迹学校：震撼美国教育界的教学传奇（中国教育新闻网2015年度"影响教师的100本书"）	9787515327044	36.00
★	学校是一段旅程：华德福教师1-8年级教学手记	9787515327945	49.00
★	高效能人士的七个习惯（30周年纪念版）（全球畅销书）	9787515360430	79.00

您可以通过如下途径购买：
1. 书　　店：各地新华书店、教育书店。
2. 网上书店：当当网（www.dangdang.com）、亚马逊中国网（www.amazon.cn）、天猫（zqwts.tmall.com）、京东网（www.360buy.com）。
3. 团　　购：各地教育部门、学校、教师培训机构、图书馆团购，可享受特别优惠。
　　购书热线：010-65511270 / 65516873